Chinese History for Teenagers
少年中国史

世界性的开放帝国

隋 唐 五代

佟洵 赵云田·主编

北京理工大学出版社
BEIJING INSTITUTE OF TECHNOLOGY PRESS

版权专有　侵权必究

图书在版编目（CIP）数据

世界性的开放帝国：隋　唐　五代 / 佟洵，赵云田主编. —北京：北京理工大学出版社，2020.6 （2021.2重印）
ISBN 978-7-5682-8301-4

Ⅰ. ①世… Ⅱ. ①佟… ②赵… Ⅲ. ①中国历史-隋唐时代-少年读物 ②中国历史-五代十国时期-少年读物 Ⅳ. ①K240.9

中国版本图书馆 CIP 数据核字（2020）第 049912 号

世界性的开放帝国
隋　唐　五代

出版发行 / 北京理工大学出版社有限责任公司	
社　　址 / 北京市海淀区中关村南大街5号	
邮　　编 / 100081	
电　　话 /（010）68914775（总编室）	
（010）82562903（教材售后服务热线）	
（010）68948351（其他图书服务热线）	
网　　址 / http://www.bitpress.com.cn	
经　　销 / 全国各地新华书店	
印　　刷 / 河北盛世彩捷印刷有限公司	
开　　本 / 710 毫米 × 1000 毫米　1/16	
印　　张 / 14	责任编辑 / 顾学云
字　　数 / 236 千字	文案编辑 / 朱　喜
版　　次 / 2020 年 6 月第 1 版　2021 年 2 月第 6 次印刷	责任校对 / 周瑞红
定　　价 / 34.00 元	责任印制 / 边心超

图书出现印装质量问题，请拨打售后服务热线，本社负责调换

前言

中国藏学研究中心研究员　黄维忠

581年，胡汉混血的将领杨坚掌权，隋朝建立（581—618），史称隋文帝。589年，重新统一中国，结束了中国近300年的分裂局面。隋文帝雄才大略，治国有方。隋炀帝因意欲干涉草原政权的政治，过度消耗国力，引发了隋末民变和贵族叛变。大业十四年（618年）隋恭帝杨侑禅让李渊，619年隋哀帝被废，隋灭，享国38年。

隋朝在政治、经济、文化及外交等领域进行了大刀阔斧的改革。政治上强化政府机制，确立了三省六部制，以巩固中央集权制度；并推行科举制，选拔优秀人才。其典章制度均在唐朝得到继承，有的长期为后世沿用，如科举制沿袭1000多年，直到清末才终止。军事上继续推行和完善府兵制度。经济上实行均田制并改定赋役，并采取大索貌阅和输籍定样等清查户口措施，以增加财政收入。此时，中国经济重心已开始南移，大量的粮食财富从南方运往全国。605年，隋炀帝下令开凿贯通南北、全长2000多公里的大运河。外交方面，当时周边国家和境内的少数民族皆深受隋朝文化与典章制度的影响。

隋末天下群雄并起，617年隋朝皇后亲戚、胡汉混血贵族李渊发动晋阳兵变，次年在长安称帝，建立唐朝（618—907）。626年，唐太宗继位后开创贞观之治，唐高宗承贞观遗风开创永徽之治，之后武则天一度以周代唐，显示唐代后宫女性在政治中依然占有一席之地。712年，唐玄宗即位后励精图治，开创了开元盛世（713—741）。755年的"安史之乱"使唐朝由盛转衰，藩镇割据、宦官专权；878年爆发的黄巢起义破坏了其统治根基，907年朱温篡唐。唐朝共历21帝，享国289年。其疆域在极盛时期东起朝鲜半岛，南抵越南顺化一带，西达中亚咸海以及呼罗珊地区，北包贝加尔湖至叶尼塞河下流一带，系公认的中国最强盛的时代之一，也系当时世界上的强国之一。

唐朝前半叶，社会经济处于上升阶段，文化先进，是历史上中国向新罗、高句丽、百济、渤海国和日本等周边属国文化与技术的大输出时期，兼容并蓄的社会风气也给五胡十六国以来进居塞内的各个民族提供一个空前的交流融合环境,在此过程中亦从外族文明中汲取甚多。唐朝后半叶,处于中国历史的转型期,土地、盐铁、赋税制度的改革标志着社会的变化,780年开始采用以土地为税收依据、每年征收两次的两税法,其繁荣主要表现在工商业的兴盛上。从9世纪末开始,中国的人口、农业和文化中心从北方转到了东部的长江下游地区。

唐朝中央集权制度,最高一级的为十二卫、御史台和政事堂3个机构,十二卫遥领全国军队;御史台是检察机关;政事堂是最重要的机构,下辖中书、门下、尚书三省。地方机构方面,唐开创了中国政区史上道和府的建制,道下设州、府,州、府下再设县。军事方面,军力强大是其鲜明的特点,均田制和租庸调制的破坏导致府兵制度改为征兵制和募兵制。唐朝文化的创造性则来自世界性、中世纪宗教、世俗因素三方面的共存与互动。其世界性体现在唐朝与其他文化和民族接触的广泛性与态度的开放性;中国传统两大宗教——道教和佛教在唐朝都有较大发展,中国佛教的各主要宗派大多在此时期形成或成熟;世俗因素表现为世俗学术和以唐诗为代表的文学的复兴。

907年,唐朝节度使朱温废唐朝皇帝,唐朝覆亡,建立梁朝,史称后梁。此后50多年,后梁、后唐、后晋、后汉、后周五个朝代相继统治黄河流域,合称五代(907—960)。同一时期(891—979),在南方各地和北方的山西,先后出现前蜀、后蜀、吴、南唐、吴越、闽、楚、南汉、南平(荆南)、北汉等10个割据政权,总称十国。到960年,宋朝建立,这一分裂局面基本结束。

五代十国政治制度大体沿用唐朝制度。南方十国在人口、经济、文化与科技方面皆胜于北方五代,此后这一局面再也没有逆转。这一时期各地佛教盛行,禅宗也在本时期进入全兴期。同时也是词发展的关键时期。五代后期,国力大不如前,时常被契丹威胁。其间定难军(后来的西夏)和静海军(后来的越南)逐渐独立,后者自此永久脱离中国。

目录

少年中国史

隋

杨坚建隋 / 10

三省六部制 / 14

科举制 / 18

杰出建筑家宇文恺 / 22

"真宰相"高颎 / 26

灭陈统一 / 30

弑父诛兄登帝位 / 34

隋炀帝暴政 / 38

开通大运河 / 42

李春与赵州桥 / 46

穷兵黩武 / 48

农民起义大浪潮 / 52

唐

晋阳起兵 / 58

长安称帝 / 62

削平群雄 / 66

玄武门之变 / 70

凌烟阁二十四功臣 / 74

房谋杜断 / 76

犯颜直谏的魏徵 / 80

贞观之治 / 84

文成公主入藏 / 86

玄奘西行 / 90

高宗废后 / 96

千古女皇武则天 / 100

国老狄仁杰 / 104

神龙政变 / 108

武韦之祸与唐隆政变 / 112

开元盛世 / 118

一行与《大衍历》/ 122

鉴真东渡日本 / 126

"诗仙"李白 / 130

"诗圣"杜甫 / 134

绝域之战 / 138

安史之乱 / 142

张巡守睢阳 / 148

● 藩镇林立的中晚唐时局 / 152

功盖一代的郭子仪 / 154

永贞革新 / 158

元和中兴 / 162

牛李党争 / 164

两税法 / 168

甘露之变 / 170

王仙芝、黄巢起义 / 174

隋唐时繁华的东西方文化交流 / 178

全国经济重心的南移 / 182

● 辉煌灿烂的唐三彩 / 184

五代

朱温开梁 / 190

生子当如李亚子 / 194

"儿皇帝"石敬瑭 / 198

刘知远建后汉 / 202

郭威称帝 / 206

"长乐老"冯道 / 210

问君能有几多愁 / 214

柴荣北伐 / 218

● 中外大事年表对比 / 222

隋
581年—618年

外戚崛起，终结乱世，
一统江山，文治武功
创三省六部，开科举取士
大运河沟通南北，赵州桥屹立千年
两都繁华的喧嚣未落，
穷兵黩武的虐风四起，
终落得寒鸦飞数点，流水绕孤村

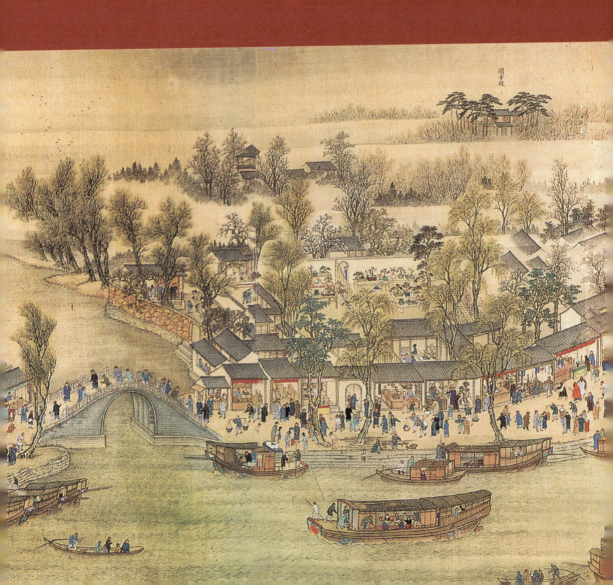

581年

（周大定元年）周主下诏，逊居别宫……禅位于隋。隋主冠远游冠，受册、玺，改服纱帽、黄袍，入御临光殿，服衮冕，如元会之仪。大赦，改元开皇。

——《资治通鉴》卷一七五《陈纪》

杨坚建隋

自晋室南渡，少数民族入主中原，已经过去了二百多年。南北政权割据，战乱频仍，加之"五胡乱华"，使得百姓流离失所，民不聊生。常言道：历史大势分久必合，合久必分。作为北周贵族、大将的杨坚，担负起了这一历史使命，建立隋朝，统一南北。

时间

581年

背景

北周武帝早逝，继位的宣帝荒淫无道，猜忌群臣，滥杀无辜

主角

杨坚

主要成就

统一中国、建立隋朝、分裂突厥、开科取士

显赫世家

杨坚的先祖杨震在东汉时官至太尉，后来每代都有人位列朝廷重臣。其家出于北魏六镇的武川镇，六镇起义之后，杨坚的父亲杨忠，跟随独孤信为避开东魏的军队，南下暂居梁国，后来又回到长安，在西魏朝廷担任官职。

西魏恭帝初年，杨忠被赐姓普六茹。西魏为少数民族鲜卑族所建，普六茹是鲜卑族的贵族姓氏。这一事件标志着出身武川镇的杨氏，正式进入统治集团的行列。由于在侯景之乱、平梁之役等战事中表现突出，杨忠深受当时西魏丞相宇文泰的赏识。宇文泰为西魏建立国家军队——府兵时，杨忠因屡立军功而成为十二位大将军之一。

隋文帝像

隋文帝杨坚（541年—604年），弘农郡华阴（今陕西华阴）人，隋代开国皇帝。在位期间开创先进的选官制度，发展文化经济，使中国进入农耕文明的辉煌时期。

北周代魏，杨忠又被封为柱国大将军、隋国公。568年，一生征战沙场的杨忠去世，其子杨坚继承爵位，成为新的隋国公。

潜龙在渊

北周建德元年（572年），北周武帝宇文邕立宇文赟为太子，第二年又为太子纳妃杨氏，这位太子妃不是别人，正是杨坚的女儿。此时的杨坚不仅是隋国公，同时担任重要军职——开府仪同三司、大将军。

据史书记载，杨坚相貌出众，体格伟岸，颇有风范。他年幼时即因为出身而官居高位。14岁成为京兆尹薛善辟的郡功曹，15岁以其父的勋位而被封为散骑常侍、车骑大将军、仪同三司，并得爵位纪县公。次年，又迁为骠骑大将军，加开府的称号。

成年之后，杨坚因其出色的军事才能和风范，在获得威望的同时也招致猜忌。一位叫来和的下大夫曾对杨坚说："您的双眼如启明星一般，无所不照，确实有称王天下的风范。"杨坚听闻此言，并未表态，但是却记在了心里。周武帝宇文邕对杨坚一直较为宽厚，但是逐渐地，也产生了猜疑之心。齐王宇文宪私下里对周武帝说："杨坚相貌非常人可比，我每次见他都觉得心中不安，恐怕他不会一直做人下之人，希望您尽早除掉他。"

自从宇文赟被立为太子以来，不思进取，每日饮酒作乐。周武帝身边的近臣王轨进谏武帝说：

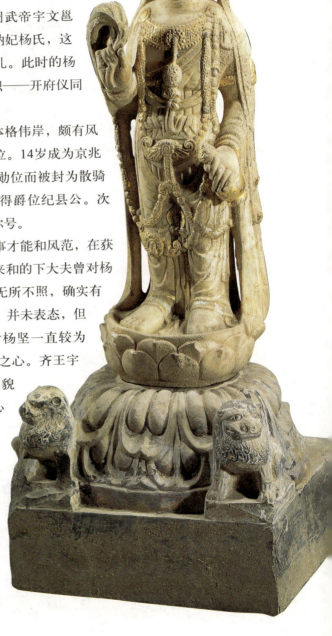

北周·彩绘贴金石雕菩萨像
陕西西安出土。整像为白石雕成，青石台座。菩萨为立姿，高髻束冠，冠中心设化佛。右手上曲执柳枝，左手下垂握净瓶。

北周·鎏金银胡瓶
银胡瓶腹上刻了六个古希腊神话传说中的人物，证实了当时中西丝绸之路的昌盛和文化交流的发达。

"皇太子当不了社稷之主，并且杨坚恐怕会造反。"周武帝经过深思熟虑，还是无可奈何，最终没有废掉太子，因为其他的儿子要么无才，要么年幼，都难当大任。最终王轨一语成谶，此乃后话。

杨坚对于朝廷中的风吹草动了如指掌，虽然皇太子昏庸无才，但此时的周武帝尚能掌控全局，并且已经对他心存疑虑。为了保全自身，杨坚韬光养晦，尽量隐忍蛰伏着。

大权独揽

宣政元年（578年），周武帝去世，太子宇文赟继位为宣帝。宣帝即位没多久，因为少了周武帝的束缚，便更加穷奢极欲。

此时的太子妃杨氏已然被册立为皇后，所以其父杨坚便成了"国丈"。除亳州总管一职外，他还被加封为上柱国、大司马。但是伴君如伴虎，周宣帝天生多疑，且性格暴虐，杨坚越是位高权重，宣帝便越是猜疑。一日，他突然召见杨坚，并提前吩咐左右侍卫道："如果杨坚神色有异动，立即格杀！"但杨坚来了之后，神色坦然，无丝毫异状，这才保住了性命。

周宣帝即位没多久，便因纵欲过度而性命堪忧。此时一场政变正在酝酿之中。宣帝病重后，便召见自己的亲信刘昉、颜之仪，准备交代后事。但等到此二人来了之后，宣帝已经不能开口说话。刘昉因为杨坚在朝廷中素来很有威望，便与内史郑译、御史大夫柳裘等暗地里商议，准备让杨坚在宣帝死后辅佐朝政。

杨坚知道此事后，严词拒绝，称自己不敢当此重任。刘昉威胁他说："如果你当，便快当；若不当的话，那我就自己当辅政之职了。"杨坚深知刘昉无甚才能，而且机不可失，便允

北周·史君墓石椁
西安市未央区井上村东出土。据石椁上面的题刻记载，墓主人及其妻康氏分别为史国和康国人，均属历史上所称的粟特人。粟特人以"善贾"著称，南北朝以后大批徙入中国新疆和内地，通过漫长的丝绸之路频繁往来于中亚与中国之间，对中西文化的沟通、交流起到过至关重要的作用。

诺了。当日夜里,宣帝去世。刘昉、郑译等改动了诏书,从而让杨坚总管全国军机大事,官任左丞相,朝廷百官皆听命于左丞相。就这样,杨坚手中握有了军事、行政大权。同时年幼的周静帝继位,但已是"傀儡"皇帝。

平乱称帝

大权在握后,皇帝的宝座已经近在咫尺,但杨坚知道时机未到。此时的他准备做两件事:首先收买人心,培养心腹;其次剪除异己,平叛反军。

杨坚出任顾命大臣之始,便让使者对御正下大夫李德林说:"朝廷命我主管文、武之事,实在任重道远。现在想和你一同谋划大事,不得推辞。"李德林欣然应允,并表示愿意誓死效劳。郑译、刘昉是最初与杨坚一同篡改周宣帝遗诏之人,自然成为心腹,而且郑译和杨坚早年还是同学,更加深了彼此联系。另外,杨坚还将内史下大夫高颎、太史中大夫庾季才等人拉拢到自己的阵营。紧接着,杨坚便要铲除称帝的绊脚石。北周皇室诸王,虽然多无才略,但为防万一,杨坚借口千金公主要远嫁突厥之事,将诸王从外地召入京,最后一一杀死,并且又斩草除根,尽灭宇文氏。

此时尚有一些在外的大将,拥兵自重,不与杨坚合作,最造成威胁的是相州总管尉迟迥和益州总管王谦。杨坚派遣韦孝宽为行军元帅,之后又任高颎为监军,发大军讨伐尉迟迥。一日,韦孝宽带兵行至永桥城(今河南武陟西南),军中大将都建议韦孝宽进行攻城,但韦孝宽认为:"此城虽然很小,但却守卫坚固,如果贸然挺进而未能攻陷,只会损害我军军威。"所以他将军队就地驻扎,与尉迟迥派出的迎战部队隔河而望。几日后,韦孝宽率领的隋军与尉迟迥的十三万大军在沁水之畔决战,起初隋军战事不利,幸亏有军中将士出奇谋,以计扰乱敌军军心,尉迟迥军队瞬间分崩离析。所以仅仅用了68天,尉迟迥便被平定。之后杨坚又消灭王谦势力。

朝廷内外异己皆被铲除后,称帝的时机已然到来。大定元年(581年),北周静帝下诏逊位,禅让于杨坚。杨坚即皇帝位,改元开皇,沿用之前的爵号名,定国号为隋,是为隋文帝。

甘肃敦煌莫高窟323窟南壁的隋文帝礼佛图

> 581年—618年

高祖既受命，改周之六官，其所制名，多依前代之法。置三师、三公及尚书、门下、史、秘书、内侍等省。……炀帝即位，多所改革。

——《隋书》卷二十八《百官志》

三省六部制

中国古代王朝幅员辽阔，人口众多，这就对管理者——官员群体提出了很高的要求。官僚制度是确保国家正常运转的重要保障，中国古代的文官体系在世界史上可谓独一无二，其分工之精细、效率之高，可以说开启了近现代文官政治的先河。它的代表，便是成熟于隋唐时期的三省六部制。

三省

尚书省，长官为尚书令
中书省（又称内史省），长官为中书令（内史令）
门下省，长官为侍中（又称纳言）

六部

吏部，掌官吏、人事
礼部，掌礼仪、祭祀
兵部，掌兵务、军务
都官（后称刑部），掌司法、刑狱
度支（后称户部），掌财务、户口
工部，掌营建、山泽

隋·青釉骑马文官俑

此俑为陶制，施青釉加彩绘。马立于长方形平板之上，马头微低，目视前方，四肢壮硕，尾部下垂，背上马鞍为塑制，其余辔头、束带皆为墨绘。马背上端坐一人，头戴幞头，身穿开领长衫，双手握拳做牵缰状。面部以墨彩和红彩绘制眉毛、胡须等，神采奕奕。此俑现藏于美国普林斯顿大学博物馆。

革除旧制

隋文帝即位后，少内史崔仲方建议，废除北周的官制，沿袭汉魏时期的制度。杨坚接受了崔仲方的建议，废除了北周烦冗的官僚制度，而承袭了已经发展较为成熟的汉魏官制，逐渐组织并完善了自汉朝发展而来的三省六部制。

北周的官僚系统，继承自西魏宇文泰，是按照战国时期的《周礼》一书组织的。《周礼》中将官僚分为天官、地官、春官、夏官、秋官及冬官，其长官分别是大冢宰、大司徒、大宗伯、大司马、大司寇、大司空。这种官制据记载是周代时所施行的，那时周王虽然是"天下共主"的地

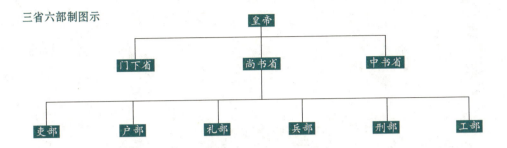

三省六部制图示

位，但卿相位高权重。汉魏之后，随着君主权力的加强，官员的权力也随之上移，并被皇帝所控制。在此背景之下，三省六部制逐渐发展并成熟起来。

三省变迁

尚书一职秦汉时期就有，但尚未形成体系。汉代尚书可以参与中央决策，东汉光武帝时，在尚书之下设立六曹，也就是后来六部的雏形，当时合称为尚书台，隶属于少府。三国两晋时，尚书台才从少府中独立出来，并改称为尚书省，成为管理国家中央政治事务的部门，但是其下属机构以及官员设置都还未固定。南北朝沿用这一制度，略有一些变化。

中书是汉武帝时期所设，职务是协助皇帝起草诏书，所以一般由皇帝的近臣也就是宦官担任。曹魏时期中书正式形成机构，称为中书省，是独立的为皇帝起草诏书的机构。两晋南北朝，中书省与门下省逐渐形成分工，由中书省进行政治决策，尚书省则根据中书省的诏令，执行政策。所以，中书省成为决策机构，尚书省则是执行机构。隋文帝在设立中书省时，改称为内史省，因为其父名为杨忠，所以要避讳，这是古代重要的传统。

门下省的职能是"封驳"，也就是对于中书省的决策有驳回和修改的权力。门下出现于汉代，最初是皇帝的侍从，照顾皇帝的饮食起居，并在出行时伴其左右。曹魏时期，有"侍中省"和"散骑省"。后来中书有了向皇帝进献建议与谏言的权力，所以又称为"纳言"。

中书（内史）、门下、尚书三省，相互配合，形成了一个完整、有效的政令决策与执行系统。南北朝以来，三省制度已经基本形成，其各省在中央行政事务中的职能相对固定下来，但还不是规范化的体系。

隋文帝在前代的基础上，使三省更加制度化与规范化。内史省（中书省），长官为内史令，置员二人，又有内史侍郎四人，作为内史令的助手。其下还有

隋·白瓷水盂

隋·盘龙丽匣瑞兽镜

镜为圆形,圆纽,花瓣纹纽座,纽座外围为六边形,六角均匀放射将内区分为六等份,每区置一瑞兽,两两相对,姿态各不相同,其外锯齿纹带,外区楷书铭文为:"盘龙丽匣,舞凤新台。鸾惊影见,日曜花开,团疑璧转,月似轮回,端形鉴远,胆照光来。"现藏于美国弗利尔美术馆。

内史舍人、内史通事舍人等官员。门下省长官原来为侍中，隋文帝同样因为避父杨忠讳，改称纳言，与内史一样置员二人，另外还有黄门侍郎作为其助手。尚书省的长官是尚书令，下设左右仆射各一人。

六部体系

六部是尚书省的下设机构。尚书省在得到中书省决策、门下省通过的行政命令后，便依据其性质和内容，分别委任尚书省下属各部执行。六部分别为吏部、礼部、兵部、都官（后称刑部）、度支（后称户部）、工部，各部长官为尚书，下又设主管具体工作的司，长官为侍郎。整个尚书省下属的六部体系是由六部、二十四司、三十六侍郎组成。

六部中的吏部，主管官吏的选拔、任命、考察事务，是人事部门；礼部负责国家重要祭祀、典礼仪节，以及宫廷的膳食，是礼仪和后勤部门；兵部主管军队的调配、车马粮草的管理，是军队事务部门；刑部主管司法案件、法律的修订等刑狱之事，是法务部门；户部掌管全国的户口、财务、钱币等事务，是民政财务部门；工部掌管全国重要建筑工程、田地、水利等，是工程部门。

与三省和六部相配合的，还有九卿寺和五监。九卿寺分别为太常寺、光禄寺、卫尉寺、宗正寺、太仆寺、大理寺、鸿胪寺、司农寺和太府寺，这些部门从汉代便形成，三省六部制成熟后，它们依然存在，但大部分已经成为专门管理皇室事务的部门。五监有少府监、长秋监、国子监、将作监及都水监。

三省制，加之以尚书之下管理国家事务的六部，再配合以管理中央及宫廷皇室事务的九卿（寺）以及五监，基本形成了一个结构细密的行政与官僚系统。这为隋文帝及后来的隋炀帝，加强中央集权，同时提高行政效率，提供了有力的保障。中国古代史上，让后来的欧洲人艳羡不已的文官体制，正是从三省六部制开始的。而保障这个庞大的文官系统正常运转的基础，是科举制。

三省制的特色

特色	解释
相权三分	中书省制定法令，门下省审核法令，尚书省执行法令，互相制衡，加强皇权
集思广益	三省之长共同协商政务，既可集思广益，又可使相权难以独大
职掌分明	三省职权按行政程序划分，一切政令由构思草诏（中书）、审核（门下）至执行（尚书），各司其职
节制君权	皇帝所颁政令，未经政事堂通过，不能施行；以相权节制君权，可弥补或纠正君主的非理性个人行为

581年

隋文帝开皇七年制，诸州岁贡三人，工商不得入仕。……炀帝始建进士科。又制，百官不得计考增级，其功德行能有昭然者乃擢之。

——《通典》卷十四《选举》

科举制

中国古代的身份等级颇为严格，特别是自魏晋以来，士庶区分如同天壤。科举制的出现，为出身寒门的人士跻身社会上层提供了可能，仅以才学论英雄的科举制，真正将社会中的贤能明达之士选拔出来。这不仅促进了社会阶层之间的流转，更为历代王朝输送着用之不竭的人才。

时间

581年

背景

世家大族没落，庶族地主兴起，魏晋以来选官注重门第的九品中正制已无法继续下去

常设科目

秀才、明经、进士、俊士、明法、明字、明算等50余种

隋·龟形砚

陶制，呈龟形，龟的脑袋歪向一侧，四足着地，砚盖刻出龟甲和八卦图案。砚台在隋代造型渐趋多样，此类象形砚别具特色，是隋代文人用品中的杰作。现藏于美国纽约大都会艺术博物馆。

九品中正制的没落

魏晋南北朝时期，民间流传一句俗语："上品无寒门，下品无士族。"这说的是当时官方实行的人才选拔制度——九品中正制。

南朝梁曾对人才选拔做出新的规定，将束缚寒门学子和出身卑微者的枷锁卸掉。其规定是：如果有能精通一种经书的学子，且自始至终都兢兢业业，那么经过考试之后，便有机会加以录用，成为官吏。北方的情况也出现了变化，魏、北齐和北周，都在不同程度上为寒门出身的人打开了进入仕途的大门。西魏苏绰为西魏文帝起草的诏书中说：

"当今选举最重要的,不在于资历与门第,而在其人。"他的意思是要唯才是举,注重个人自身的才能与修养。显而易见,此时一些有识之士,已经对那种士、庶分明的九品中正制心怀不满。

隋文帝开皇三年(583年),朝廷下令废除州郡中正品评人物、铨选人才的权力,并且称其仰仗君主的威势,侵夺了朝廷的权力。此时,中正官已经成为没有实际权力的闲散职位。后来又逐步下令,取消了地方政府自行征辟属吏。牛弘任吏部尚书、高构任吏部侍郎时,被认为非常称职。此时的选举制度,由吏部尚书主持选举高位官员,侍郎铨选职位较低者,自"一命"以上的官员,其选拔之权皆收归于吏部。

科举取士

科举制的创立,开始于隋朝,唐代臻于成熟。隋代创制科举,科举就是分科取士的意思。隋炀帝开设了进士科,另外还承继了前代的明经、秀才等考试科目。隋文帝开皇七年,下诏书曰:"京城以及各州县的学校,生徒接受教育,被选拔入朝,都没有在'明经'方面表现十分突出的。"房晖远任国子博士时,命令中央学校中有精通一种经书的,都要推荐选拔,并且任用为官员。经书指《尚书》《周易》《春秋》《诗经》《周礼》等儒家经典著作,从汉代以来,是否熟练掌握经书,就作为衡量个人才能的标准,所以隋代"明经"取士,是对前代选拔人才方式的继承。不论是进士科,还是明经、秀才,都是在中央及地方各级学校的生徒(学生)中选拔,这是隋代科举取士的方式之一。

隋炀帝所创制的进士科,进入唐代时成为科举的主体。进士科与明经科的区别是,前者除了考查经书知识外,还加上诗赋,到唐代,诗赋已经成为进士科的主要内容。唐代诗歌的兴盛,与科举制中重视进士科直接相关。不过进士科也最为难考,唐代有"三十老明经,五十少进士"的说法。

科举取士,在隋代还不常举行,在整个隋朝的38年内,

登科后

昔日龌龊不足夸,
今朝放荡思无涯。
春风得意马蹄疾,
一日看尽长安花。
——唐·孟郊

隋·白釉武士俑
此武士俑通体施白釉,有细碎开片。其盔甲形制皆与隋代盔甲相似,是隋代武士的写实反映。此俑气势不凡,造型勇猛,是难得的隋代雕塑艺术品。现藏于德国科隆东亚艺术博物馆。

古时科举常见名词

术语	解释
殿试	由皇帝亲自出题或派大臣主管的最高级别的考试。殿试后的成绩分三甲：一甲三名赐进士及第，通称状元、榜眼、探花；二甲赐进士出身，第一名通称传胪；三甲赐同进士出身
会试	春季在京城由礼部主持举行的科举考试，录取者为贡士，第一名称会元
乡试	秋季在各省省城由皇上委派主考官主持举行的科举考试，录取者为举人，第一名称解元
琼林宴	皇帝为殿试后新科进士举行的宴会，因宋时皆在皇家花园琼林苑而名

总共举行了四至五次科考，总共取秀才、进士不过12人。然而，到了唐高祖武德四年（621年）规定每年都要举行科举，此后便成了一岁一选的通制。

唐太宗贞观年间，以及以后的武后时期，科举制都得到了长足的发展，不但举行科举考试的频率增加，每次录取的人数和规模也大大上升，这就在很大程度上拓宽了寒门子弟进入仕途的道路。这一时期，进士科成为科举的最重要科目，并且在社会上深受重视。当时社会上有这样的说法："身为缙绅的贵族，虽然位极人臣，但没有中过进士者，终究是很令人遗憾的。"

另外还有"乡贡"和"制举"。前面说的"生徒"，是指中央及地方各级学校的学生，其有权利参加科举考试。但可能也有因家庭贫困或某些原因未能在官方设立的学校学习者，他们可以在自学的基础上，向地方政府提出参加科举的申请，地方官对其进行一定的考核，然后向中央推荐参加科举，这称为"乡贡"。"制举"与汉代以来的征辟相近，主要是针对一些有名望的才士，以皇帝的名义征召这些有才之人，然后参加相关考试。

初步形成于隋代的科举制，在唐朝前中期得到了完善，并且于此后中国古代一千多年的历史上代代沿用。传统的帝制社会，社会层级分明，科举制为出身寒门之人提供了进入知识阶层和管理阶层的机会，同时为庞大的文官系统提供了人才支持。

隋·白瓷蟠螭烛台
此烛台通体施白釉，筒形口，座柱中空，有上下两层承盘，圈足为覆盆形，内中空。灯柱上有条矫健的螭龙紧紧盘绕，上出双爪举灯做撑张状，下出两爪抓住底座上刻的莲瓣。此灯雕刻细腻，形态生动，在实用的同时又起到了良好的装饰效果。现藏于美国克利夫兰艺术博物馆。

刻画中国隋代首创科举制度的浮雕
位于陕西西安清凉山森林公园内。中国的科考制度经过历代的改进和演变，不但被亚洲其他国家引进，甚至对于欧美国家也产生不可磨灭的影响。英国、法国、美国等许多国家参照中国的科举制度，对自己国家的文官制度进行了改革。

555年—612年

(大业元年)三月,丁未,诏杨素与纳言杨达、将作大匠宇文恺营建东京,每月役丁二百万人,徙洛州郭内居民及诸州富商大贾数万户以实之。

——《资治通鉴》卷一百八十《隋纪》

杰出建筑家宇文恺

隋唐时期的长安城(大兴城)和洛阳城,以其气势恢宏、结构严整著称于世。不论是宏大的建造规模,还是整齐、分明的城市布局,都足以成为中国古代甚至世界建筑史和城市营造史上的奇葩。它的设计者和建造者,正是隋代杰出的建筑学家宇文恺。

主角
宇文恺

族属
鲜卑族

职业
建筑学家、工部尚书

成就
设计、营建大兴城(长安城)与洛阳城

著述
《东都图记》20卷、《明堂图议》2卷、《释疑》1卷

营造大兴城

长安自秦汉以来即为帝都,但在经历了北朝连年的战乱后,已经破败不堪。隋开皇二年(582年),隋文帝下诏,命令在旧长安城东南方的龙首原,营造新的都城——大兴城,官任太子左庶子的宇文恺,因为有匠心巧思,被任命为营新都副监,虽然是副职,但总领其事的高颎其实并不负责具体事务。所以,宇文恺便成为规划、修建大兴城的总设计师和总建筑师。

大兴城从破土动工到正式使用仅历时九个月,建设效率奇高,同时也投

铜雕隋朝建筑专家宇文恺雕像
宇文恺(555年—612年),姓宇文,字安乐。出身北周皇室,三岁就被赐予双泉伯的爵位,七岁又晋升为安平郡公。宇文恺博览群书,善写文章,并且对手工技艺掌握娴熟。

隋大兴城坊平面图

入了难以计数的人力、物力、财力。整座城池由三部分组成，从北向南、自内而外依次为宫城、皇城和外郭城。宫城是皇帝办公、听政及与后妃的起居场所，是最为核心的部分；皇城是朝廷各军政机关和宗庙、社稷等祭祀场所的所在地，中央行政事务及国家礼仪、祭祀活动都在此处进行；外郭城是大兴城的主要部分，占到总面积的70%，主要为居民区及商业区。

外郭城的结构布局，是宇文恺作为城市设计者最富创见之处。大兴城各部分布局紧密严整，功能分区明确。全城有南北向的街道11条，东西向的街道

隋大兴城坊平面图

隋代大兴城纵横交错的道路将外郭城分作了110里。各里面积不一，南北长在500~838米之间，东西宽在550~1125米之间。每座里的四周都筑有围墙，大里一般开四门，内设十字街，小里则开东西两门，设一横街，街宽都在15米左右。

14条，最宽的街道能达到100米以上，主干道是朱雀大街，宽150米。城内被纵横交错的街道划分为棋盘状，其中分布着108个"里"（唐代称为"坊"）和2个交易市场。这些区域中有政府官员及皇室贵族的住所，也有道观寺庙等宗教场所，亦有亭台楼阁、花园湖榭，同时还包含着商品交易市场。另外城市中还有先进的排水系统，自然和人工的

河流分列其间，还点缀着环境秀美的城市公园——芙蓉园。

修建洛阳城

宇文恺另外一个举世瞩目的成就，便是修建洛阳城，这再次证明了他是一位杰出的建筑大师。洛阳在隋唐时期作为陪都，地位显赫。隋大业元年（605年），新即位的隋炀帝下令，命杨素与纳言杨达、将作大匠宇文恺营建东京洛阳。修建洛阳城的任务，同样是由宇文恺负责具体的设计和建造事务。

东京洛阳城的规模较大兴城略小，但仍旧由宫城、皇城、外郭城三部分组成，只是不像大兴城那样左右对称，宫城和皇城都分布在洛阳城的西北角。基本的设计理念与城市布局还承袭自大兴城，即棋盘状的格局，方正的里坊分布其间。宫城内宫殿楼阁参差分

布，并且富丽堂皇，极尽奢华。其实隋文帝在逝世之前已经下诏修建洛阳城，并且要求秉持节俭的原则。但诏书颁布不久即去世，新即位的隋炀帝好大喜功、穷奢极欲，所以才有了洛阳城的奢靡风格，以致后来的唐高祖李渊，认为隋炀帝时期所建洛阳城内的乾阳殿过于奢华，下令烧毁重建。

宇文恺主持营造的大兴城和洛阳城，作为隋唐时期的两大都城，是世界古代史上规模最大的城市，并且对古代日本、朝鲜的城市建设有着深远影响。宇文恺高超的建筑艺术以及先进的城市设计理念，让他成为名垂青史的建筑家。

隋唐洛阳城模型
隋唐洛阳城是宇文恺设计建造的，宇文恺将隋唐洛阳城的规划设计完美地和洛阳的山川地貌结合在了一起，真正达到了"天人合一"的规划理念。

541年—607年

(高)颎有文武大略,明达世务。及蒙任寄之后,竭诚尽节,进引贞良,以天下为己任。……当朝执政将二十年,朝野推服,物无异议。治致升平,颎之力也。论者以为真宰相。

——《隋书》卷四十一《高颎传》

"真宰相"高颎

中国古代的政治从来都不是完全意义上的皇帝独裁,庞大的中央文官体系对于政治决策具有至关重要的作用,其中的代表便是宰相。隋朝建立之初,百废待兴,单靠皇帝一人难以成事,所以得力的宰相必不可少。高颎正是这样一个人物,他为隋朝的政治稳定和经济复苏出力良多。

主角
高颎

族属
汉族

职业
政治家

性格
聪明强干,有计谋和胸襟;擅长辞令

高颎像
高颎(541年—607年),一名敏,渤海郡蓨县(今河北省景县)人,为隋朝宰相,杰出的政治家、战略家和军事家。执政近20年。隋文帝时因反对废太子杨勇受到猜忌免官为民,炀帝时因忧虑奢靡,有所议论被人告发,与贺若弼以"诽谤朝廷"罪一同被杀。

辅弼杨坚

高颎(541年—607年),字昭玄,出身渤海高氏,父亲高宾,曾在北齐任官,后来归北周,成为大司马独孤信的幕僚,朝廷赐姓独孤氏。

高颎年少时聪明敏达,有器量,博览经史书籍,尤其善于诗词歌赋。17岁时,任北周齐王宇文宪的书记官,因为在平北齐的战事中立下军功,又进入将军府任职。青年时代的高颎,已经显露出雄才大略,并名声在外。杨坚在北周大权在握后,让人告知高颎,希望能得到他的辅佐,高颎欣然应允。后来的历史证明,高颎的这一选择是正确的,这便开启了他协助杨坚建隋、治国的人生道路。

成为杨坚的幕僚后，高颎卓著功勋的肇始是在平尉迟迥之役。韦孝宽受杨坚任命讨伐尉迟迥，但因对方拥兵数万，力量不容小觑，而且自然环境对韦孝宽军队不利，所以出现了军心不稳的危机。杨坚知晓此事后，认为事态紧急，便询问朝臣谁愿意去协助韦孝宽，众人皆因此事比较棘手，都畏首畏尾。这时高颎站了出来，主动请命。杨坚心中大喜，任命高颎为监军，与韦孝宽协力攻打尉迟迥。在此役中，高颎屡出奇谋，且有破釜沉舟之气魄，终大破敌军，为杨坚称帝解决了最大障碍。事后，高颎也被升任为柱国、相府司马，并封为义宁县公。

隋·白釉牛
牛尾短角，立耳，牛头抬起，身体肌肉丰满，四肢健硕，身体上塑有络头攀带，并有花纹装饰。通体施白釉，釉色鲜亮。现藏于美国波士顿美术馆。

国之元勋

隋朝建立后，高颎因功被任命为尚书左仆射、纳言，这一职位便是国之宰相。同时，他的爵位也晋升为渤海郡公。隋文帝对高颎颇为信任，恩宠有加。高颎性格谦逊，尽力不让人觉得他是倚仗权势之人。甚至有退位让贤之行，他上奏请求让苏威代替自己成为宰相。隋文帝刚开始表示同意，准备免去他尚书左仆射的职位，不过几天之后又收回成命，并且说："推荐贤才应当受到最高的奖赏，怎么还能让你辞官呢！"于是又官复原位。大臣们讨论朝政的宫殿北面有一棵槐树，高颎习惯在此处听朝臣们汇报政事，但是此树位置偏出行列之外，并不整齐美观。所以有关部门计划砍伐此槐树，隋文帝知道后特意下令不要砍伐，可见他对高颎确实恩宠有加。

高颎作为隋代开国元勋，又是第一任宰相，功勋卓著。他在军事、政治、经济、制度建设等多方面，都对隋朝做出卓越贡献。隋朝建立之初，百废

隋·葡萄纹方镜
镜方形，伏兽纽，纽外起方格将镜背分为内外两区，内区高浮雕缠枝葡萄纹，外区浮雕缠枝纹一周。

隋·黄釉吹笛骑马俑

陶胎白色,通体施单色黄釉,釉面斑驳脱落。马站在长方形底座上,男俑跨坐在马鞍上,头戴风帽,身穿过膝长衣,着长筒靴,手持长笛,置于唇下做吹笛状。人物造型具有南北朝遗风。现藏于美国普林斯顿大学博物馆。

待兴，朝廷制度亦不完善。开皇元年（581年），高颎奉命与郑译、杨素等大臣，一同修订法律，在北齐的法律制度基础上，删改修订而形成了新的律令。开皇二年（582年），隋文帝下令修建大兴城，高颎被任命为新都大监，主管此事，虽然宇文恺是负责具体事务的建筑和规划师，但高颎总揽全局，功不可没。军事方面，高颎更是屡立战功。除讨伐尉迟迥之役，平陈之战也参与其中。他曾向隋文帝提出收取陈地的计谋，并担任晋王杨广的元帅长史领兵出征。另外，高颎还多次带领军队抵御突厥入侵。

死于非命

尽管高颎对隋朝立下了汗马功劳，而且忠心耿耿，但依然落得死于非命的下场。隋文帝统治的最后几年，听信生性嫉妒的独孤皇后的谗言，开始对高颎心存疑虑。朝廷中一些见风使舵的小人，也在隋文帝面前诬陷高颎。有人暗地里向隋文帝上奏，说高颎的儿子怂恿其父造反，并且出言不逊。皇帝大怒，将高颎因禁在内史省严加审问。这时有关部门又上奏说，一位沙门和尚听到高颎暗中说明

年国家将有大丧，这是对皇帝的诅咒。杨坚听闻此言，更加生气。开皇十九年（599年），高颎被免职，赋闲居家，但他的厄运远未结束。

隋炀帝杨广即位后，高颎又被重新起用，任命为太常卿。炀帝好大喜功，曾召集乐师征集天下流散的音乐，高颎对此不以为然，说："周代天元皇帝宇文赟就是因为喜好音乐而死，这血一般的教训就在眼前，怎么能重蹈覆辙！"后高颎又多次私下对炀帝的做法表示不满，炀帝知道后雷霆震怒，以诽谤朝政的罪名，下令将高颎处死。隋朝开国元勋、一代名臣高颎，就这样因直言而死于非命。

高颎任宰相职位近20年，任职期间鞠躬尽瘁，直言极谏，皇帝的荒淫无道之状也让他痛心疾首。朝野中对这位德高望重的宰相深为折服，待到他被诛杀后，天下人莫不扼腕痛惜，后世都认为他的死冤枉不已。

隋·彩绘陶武士俑
美国波士顿美术馆藏。高36厘米，长13厘米，宽10.2厘米。此俑为立像，白陶制，黑红二色彩绘。头戴盔，上身为甲，下身为褶裤，腰束革带，左手平握，右手置于胸前。须眉和盔甲纹饰皆为彩绘，双眉倒竖，两髭上撇，气势雄猛，为隋代雕塑艺术中的精品。

588年—589年

（开皇）九年春正月……贺若弼败陈师于蒋山，获其将萧摩诃。韩擒虎进师入建邺，获其将任蛮奴，获陈主叔宝。

——《隋书》卷二《高祖本纪》

灭陈统一

南北分裂数百年的中华大地，终于在隋文帝平陈后，又回归统一。这场由隋朝大将贺若弼、韩擒虎领导的渡江战役，不仅将荒淫无道的陈叔宝推下皇帝的宝座，也抚平了横亘于南北方之间经年的累累伤痕。

时间
588年10月—589年1月

地点
长江流域与岭南一带

双方主要指挥官
隋朝：杨广、高颎
陈朝：陈叔宝、萧摩诃

结果
隋朝大获全胜，南北统一

影响
中国近四百年乱世结束

韩擒虎像
韩擒虎（538年—592年），原名擒豹，字子通，今河南新安县人。隋朝名将，北周骠骑大将军韩雄之子。容仪魁伟，有胆略，好读书。北周时以军功迁和州刺史。隋朝时为伐陈先锋，直捣金陵，执陈后主。进位上柱国，封寿光县公，终凉州刺史。

筹划

南朝陈国建于永定元年（557年），开国皇帝陈霸先代南梁而自立为帝，定都建康（今南京）。至德元年（583年）陈叔宝继位，他是陈国的第五任皇帝，同时也是亡国之君。这位陈后主和许多亡国的君主一样，贪恋美色，骄奢淫逸，不理朝政。甚至连陈国的宰相江总，也对朝堂之事不闻不问，每天与都官尚书孔范、散骑常侍王瑳等文学之士十余人，陪在陈后主身边饮酒作乐，毫无尊卑观念，当时人称之为"狎客"。

就在陈叔宝醉卧温柔乡时，北方的隋朝已经在谋划灭陈之事。隋文帝杨坚即位之初，便心怀吞并江南的志向。隋朝尚书左仆射高颎素有知人善任之名，隋文帝杨坚让其举荐渡江平陈的人选，高颎推荐大将贺若弼与韩擒虎。581年，文帝任命上开府仪同三司贺若弼为吴州总管，驻守广陵；任和州刺史韩擒虎为庐州总管，镇守庐江。

虽然隋朝已有灭陈之心，但最开始表面上还是对陈国示意友好。每次接到陈国的奏牒，都送给使者衣物马匹作为礼物送还江南。陈宣帝陈顼去世之后，隋文帝接受高颎的建议，将攻打陈国的军队撤回，并且派遣使者赴陈国吊唁，书信中用语谦卑。但这似乎增长了新即位的陈叔宝的嚣张气焰，隋文帝杨坚甚为不满，终于下决心以重兵全力平陈。

发兵之初，文帝向高颎询问平陈的策略，高颎说："长江以北气候寒冷，庄稼收获较晚，但江南的水稻却成熟略早。等到陈国庄稼要收获之际，我方派遣少量士兵佯装出击，对方必定要聚集士兵进行防御，那么收割庄稼便会耽搁。等他们囤聚士兵后，我方再偃旗息鼓，以逸待劳。如此反复多次，陈国军队必定会生懈怠之心。"隋文帝听从了高颎的计策，这一高明的心理战术果然让陈国人倦怠不已。隋朝又在长江北岸进行了严密的军队布防，并命杨素建造庞大的兵船，以备渡江之用。

与此同时，隋朝还发起了强大的宣传攻势。隋文帝亲自下诏，列举陈叔宝的不端之处，指出他穷奢极欲，整日处于醉生梦死之中，不顾国家大事与百姓生计。"自古混乱，罕或能比。君子潜逃，小人得志。"最后说隋朝出兵讨伐，顺应天意，诛灭这种无道之事，在

陈后主像

陈叔宝（553年—604年），字元秀，南陈末代皇帝。在位期间，耽于酒色，醉心诗文和音乐，导致朝政荒废，国亡被俘。降隋后，隋文帝对他十分优待，最后病逝于洛阳。

此一举。之后又向陈国送去加盖文帝玉玺的诏书，揭露陈叔宝的20条罪状，并将此诏书抄写30万份，广泛地在江南分发。

出兵

开皇八年（588年）冬十月，隋朝在寿春（今河南寿县）设置淮南行省，以晋王杨广为尚书令。全面出师渡江平陈开始了，行军元帅为晋王杨广、秦王杨俊、清河公杨素。长江沿线以北，各大将率军铺展开来，准备出兵。东至于海，西到巴蜀之地，隋朝军队旌旗招展，舟楫纵横，横亘数千里。军队士兵共计51万余人，皆归晋王杨广节制。左仆射高颎、右仆射王韶分别为晋王的元帅长史和司马，作为军师，军中大小事务由此二人决定。前线各区军队调遣通畅，没有任何迟滞。十一月，隋文帝杨坚亲临军队慰问将士，以鼓舞士气。

开皇九年（589年）正月，贺若弼、韩擒虎先后顺利渡江。而此时的陈国朝臣还钩心斗角，后主陈叔宝更是天真地说："王者之气在此处，北齐军队三次进攻，北周军队两次来袭，均铩羽而归。现在隋朝出兵，又能有什么作为呢！"所以继续饮酒作乐，赋诗不断。他却不知，陈国的历史已经走到了尽头。衰弱的陈国军队根本无力抵抗士气高涨的隋军，待到大军兵临城下之时，陈国人惊骇不已，纷纷缴械投降。这时的陈叔宝才意识到事态危急，但为时已晚。陈国首都建康城内虽然还有军队十余万人，但陈叔宝生性懦弱，根本对遣将用兵之事一无所知，故而只能每日啼哭啜泣，藏身宫殿之内，事无巨细都交给佞臣施文庆处理。

当隋朝军队攻入陈皇宫所在的台城，陈叔宝准备躲避藏身之际，大臣袁宪义正词严地告诉他，虽然大势已去，但仍应该正襟危坐，不惧强敌，拿出君主应有的气势。然而陈叔宝只顾逃命，哪里还顾什么皇帝颜面，竟然还说："刀刃之下，不可以以卵击石，我自有计策。"原来他的计策就是躲入枯井之中，此时十余个宫人都争先恐后想要跳入井中，后阁舍人夏侯公韵认为不妥，陈叔宝与之争斗，然后带着一众妃子跳入枯井。他原以为这样就能躲过隋军搜查，但终被俘获，陈国也就此灭亡。

隋朝历时三个月，一举平陈，结束了持续数百年的南北分裂局面，中国再次统一。

> **陈后主玉树新声**
> 出自16世纪《帝鉴图说》。讲述陈后主陈叔宝在宫中专门修建了临春、结绮、望仙三座高阁而与妃子、狎客等宴乐，相互赋诗赠答，并选取艳诗让人谱曲演唱，天天都是通宵达旦。从文学上看，陈叔宝是个优秀的诗人，但是从统治上讲，他则是个穷奢极欲、沉湎声色的典型昏君。

玉树后庭花

丽宇芳林对高阁，
新装艳质本倾城。
映户凝娇乍不进，
出帷含态笑相迎。
妖姬脸似花含露，
玉树流光照后庭。
花开花落不长久，
落红满地归寂中。
——南陈·陈叔宝

> 杨素闻之，以白太子，矫诏执述、岩，系大理狱；追东宫兵士帖上台宿卫，门禁出入，并取宇文述、郭衍节度；令右庶子张衡入寝殿侍疾。尽遣后宫出就别室，俄而上崩。
>
> ——《资治通鉴》卷一百八十《隋纪》

弑父诛兄登帝位

隋炀帝杨广是历史上饱受争议的皇帝，始创科举，开通运河，这是他的功绩；但他好大喜功，穷兵黩武，又致使隋朝土崩瓦解。而他夺取王位之路，更是处心积虑、心狠手辣。踩着父亲杨坚、兄长杨勇等人的尸骨，杨广登上了皇帝的宝座。

时间
604年

策划者
杨广、杨素

手段
伪装、杀戮

结果
弑父杀兄成功登基

影响
隋朝国祚37年

隋·编钟
2013年出土于隋炀帝墓中，当时出土的铜器有编钟、编磬、铜灯、铜豆等，成套的编钟16件、编磬20件，是迄今为止国内唯一出土的隋唐时期的编钟、编磬实物，填补了中国音乐考古史上的一项空白。

杨勇失宠

隋文帝杨坚立国之初，将自己的长子杨勇册立为皇太子，同时封儿子杨广为晋王、杨俊为秦王、杨秀为越王、杨谅为汉王。

隋开皇二十年（600年），这时的隋文帝已经年近60岁，老态毕现。在此之前，他已经让太子杨勇参与到国家军政大事的决策中，太子提出一些建议，文帝都欣然接受。太子性格宽厚，同时又是率性之人，所以做事从不做作伪饰。有一日，太子用蜀地所产的宫灯装饰自己的府邸，此事让素来提倡节俭的文帝知道后，颇为不悦，将太子训诫了一番。冬至来临时，朝中百官都往东宫拜谒太子，杨勇也布置音乐接受赠贺。隋文帝对此很反感，认为此事违反礼法，是对自己大不敬。这几件事后，隋文帝杨坚和太子杨勇这对父子之间渐生嫌隙，太子的恩宠也逐日衰落。另外，因为太子宠姬云昭训专权东宫内政，太子妃元氏又意外死亡，这让独孤皇后极为不满，甚至派人在东宫暗中探查，访求太子的不端行为。

隋·彩绘甲骑具装俑

2013年出土于隋炀帝墓中，当时出土了大量文官俑、武士俑、骑马俑等高规格随葬品，骑马俑有30多件，具有明显的隋代风格。这30多件骑马俑，有着仪卫性质，让人宛若穿越时空看到了隋炀帝率兵征战的一幕。

杨广伪善

晋王杨广是隋文帝杨坚第二子，又名杨英，小名阿摐，母亲为独孤皇后。开皇元年（581年），杨广被立为晋王，并且官拜柱国、并州总管，这年他13岁。不久后又得到武卫大将军的称号，进封大柱国、河北道行台尚书令。他自幼便深谙人情世故，一次杨坚来到晋王杨广府中视察，发现府中乐器琴弦都断裂，上面也落了许多灰尘，杨坚便觉得儿子不好声色。其实这都是杨广获取皇帝信任的手段。

太子杨勇逐渐失宠的同时，晋王杨广密切注视着东宫的风吹草动，并矫揉造作，讨取文帝和独孤皇后的欢心。杨广平日里只装作和萧妃相亲近，宫中其他妃子有身孕，都暗中禁止生育。独孤皇后因为此事多次称赞杨广贤能。朝廷中有权势的大臣们，杨广都倾尽心力与之交往。文帝和皇后但凡派遣身边侍从至杨广府中，他不分贵贱，一律与萧妃出门迎接，并设宴席招待。若遇到隋文帝和独孤皇后驾临他的府第，杨广都要提前将自己的美姬藏匿在别的房间，只留老丑者陪在左右，以此来显示自己不好美色。

晋王杨广气质华贵，聪敏慧黠，性格深沉稳重，并善于写文章。接待朝臣时礼敬有加，以表现自己礼贤下士。杨广也因此在朝廷中声名大噪，远在文帝其他诸子之上。作为扬州总管的杨广，有一次入朝办事，在返回扬州之前，入宫向独孤皇后辞行。他装作很伤心，匍匐于地痛哭流涕，向皇后哭诉太子杨勇企图用毒药鸩杀自己。独孤皇后听后万分震惊，之前她就怀疑太子用毒杀害了太子妃，如今听说又要毒杀晋王，自然愤恨不已。杨广的挑拨离间之

汴河怀古

尽道隋亡为此河，
至今千里赖通波。
若无水殿龙舟事，
共禹论功不较多。
——唐·皮日休

隋·双人首蛇身俑

2013年出土于隋炀帝墓中。人首蛇身，交缠而立，是人们幻想出的一种图腾形象，象征着驱邪避害、起死回生、生命永恒。这种形象也常见于汉画像石上，其双人首而蛇身相交绕的，皆为伏羲女娲像。

计谋果然奏效，自此，独孤皇后下定决心要废掉太子杨勇。

弑父杀兄

此时的朝廷中，宰辅之权落入杨素手中，晋王杨广瞅准了时机，极力拉拢杨素与自己结盟。他让自己的亲信宇文述出面，贿赂杨素的弟弟杨约，并将合作的意向转达给杨素。杨素听闻后大喜，与杨约商定，准备借独孤皇后之手，废太子立晋王。此后，杨素每朝见文帝及独孤皇后，都旁敲侧击地暗示太子杨勇的"恶行"，并且在皇宫及朝臣中散布言论，太子的过失渐渐扩散开来。

开皇二十年（600年）十一月，文帝废太子杨勇，册立晋王杨广为皇太子。杨勇被废为庶人后，囚禁在东宫中，由新太子杨广看管。杨勇觉得被废十分冤枉，频繁地请求面见文帝申冤，

隋炀帝像

杨广（569年—618年），隋文帝杨坚次子，开皇元年（581年）立为晋王，开皇二十年（600年）十一月立为太子，仁寿四年（604年）七月继位。在位期间开创科举制度，修隋朝大运河，营建东都，迁都洛阳，对后世颇有影响，然而频繁地发动战争，如亲征吐谷浑，三征高句丽，加之滥用民力，致使民变频起，造成天下大乱，导致了隋朝的覆亡。

但在杨广的阻挠下最终也未能得见。

仁寿四年（604年），隋文帝重病卧床，太子杨广在宫中侍寝。杨广素好美色，见到文帝陈夫人有美貌，竟然欲行不轨之事，陈夫人极力反抗，才没得逞。陈夫人急忙到文帝身边，文帝见陈夫人神色慌张，便问何事，陈夫人据实相告，文帝听后勃然大怒，强起身用手撑着床说："这样的畜生怎么能将国家托付给他，独孤皇后误导我了！"忙召见大臣柳述、元岩，准备召回废太子杨勇。

杨素知道此事后，紧急告诉太子杨广，二人假传圣旨，将柳述、元岩投入大理狱。又派禁卫军把守宫门，严禁出入，并命心腹右庶子张衡入文帝寝殿侍疾，其余宫中人等皆遣往别处。没过多久，隋文帝杨坚逝世。仓促将文帝发丧入葬后，太子杨广即皇帝位，是为隋炀帝。紧接着，炀帝为斩草除根，谎称文帝留下遗诏，赐故太子杨勇死罪，并派人将其杀害。杨广就这样踩在父兄的尸骨上，一步步登上了皇帝的宝座。

605年—618年

（大业元年，三月）庚申，遣黄门侍郎王弘等往江南造龙舟及杂船数万艘。东京官吏督役严急，役丁死者什四五。所司以车载死丁，东至城皋，北至河阳，相望于道。

——《资治通鉴》卷一百八十《隋纪》

隋炀帝暴政

杨广在争夺太子的"战争"中，交结朋党，处心积虑，心狠手辣，最终登上帝位。同时胜利也冲昏了他的头脑，即位当年，便开始施行暴政，频繁征发徭役，大兴土木之事。他好大喜功的性格，使得民怨沸腾，怨声载道。

时间
605年—618年

主角
杨广

主要成就
统军灭陈、南平林邑、西吞吐谷浑、开科取士、修大运河

性格
骄奢淫逸、好大喜功

隋炀帝即位，定年号大业，这已经显示出他不甘平庸的心态。不论是开凿运河，建造巨型龙舟南巡；抑或从全国征集珍奇异宝，营造宫苑；还是大量征发徭役，三次远征高句丽。这些他以为的"大业"，无不是建立在鱼肉百姓的基础之上，隋炀帝时期军民的劳役、兵役之重，历史上鲜有其匹。

广修宫室

大业元年（605年），隋炀帝即位后的第一件大事，便是下令修建东京。文帝去世之前，也曾下诏修筑洛阳城，并要求秉持节俭的原则。炀帝却反其道而行之，每月征发服徭役的男丁200万

隋·阿房四神十二生肖纹镜
伏兽纹纽座，纽座外凹面双线方格，方格四外角与V形纹相对，V形纹内各有一兽面纹。方格与V形纹分割的四区内分别配置青龙、白虎、朱雀、玄武四神。中区为楷体铭文"阿房照胆，仁寿悬宫，菱藏影内，月挂梦中，看形必写，望里如空，山魑敢出，水质惭功，聊书玉篆，永镂青铜"四十字。现藏于美国弗利尔美术馆。

人。隋朝全盛时期，人口有4600多万，此次修筑东都，相当于全国23人中，便有一人被抽调赋役，参与其中。

三月，又命人修建显仁宫，征发长江以南的奇花异石，运输到洛阳。同时，广泛搜求天底下的嘉木异草、珍禽异兽，然后用这些来充实自己的林苑。隋炀帝在位期间，几乎无日不在建造宫室别苑，东、西两京及江都三地，苑囿宫殿多不胜数，久而久之，炀帝也产生了厌倦，每次出游之时，左顾右盼，但没有中意的宫苑，竟然不知前往何处。于是变本加厉，建造更加奢华、奇珍异宝充斥其中的宫苑。

奢华巡游

修显仁宫时，隋炀帝又命令尚书右丞皇甫议征发黄河以南、淮水以北诸郡百姓，前后100余万人，开凿通济渠。自洛阳西苑引榖（涧水）、洛水入黄河，从板渚（位于今河南荥阳）引黄河水经过荥泽流入汴水。又从大梁（今开封）东面引汴水入泗水，再流入淮河。黄河与淮河沟通起来，便为通济渠。与此同时，又征发淮河以南诸郡民众共10余万人，开凿邗沟，从山阳（位于今山东巨野）到杨子（位于今江苏仪征）流入长江。邗沟宽40步，渠两旁修筑御道，栽植柳树。

隋炀帝之所以这样修筑运河，其目的却是让自己能够从东都洛阳直达江都（今扬州）。从长安到江都，炀帝修

建离宫别苑40余所。之后，派遣黄门侍郎王弘等人去江南建造龙舟，另外还有各色船数万艘。在这次为隋炀帝南下做准备的各项工程中，死伤的服役百姓不计其数。东京洛阳的官吏监督服役人员尤其严格，役丁死者几乎有一半，有关部门用车载着死去的役丁，东至城皋

隋炀帝剪彩为花

出自16世纪《帝鉴图说》。依隋史记载，隋炀帝是个吃喝玩乐的高手。他建造西苑皇家花园方圆达200里。苑中挖凿了一个60余里宽的大湖，湖中修建了方丈、蓬莱、瀛洲等海上仙山，每座山高达100多尺。山上楼台宫殿，鳞次栉比。湖的北边开了一条河渠，曲曲弯弯，引水流进湖中。水渠沿岸，修建了16个宅院，每户中都住着美女，由一位四品官负责管理。每个院落都修得独具特色，十分豪华。每值秋冬季节，花木凋零，宫女们便将五彩绢帛剪出各色各样的花草树叶、荷叶浮萍，将院内花木池塘，装点得一片春色。为了春色常在，绢花绢叶需不时更换，耗资巨大。

（位于今河南荥阳），北至河阳（今河南孟州），络绎不绝。

此年八月，隋炀帝巡幸江都，从东都显仁宫出发，王弘派遣已经修筑好的龙舟迎接。炀帝先乘坐小船从开凿的漕渠到洛口（位于今河南省巩义市），然后换成龙舟。龙舟上下四层，高13米，长近60米，内部一应宫室齐全，有120余间，全都以金、玉作为装饰。而这艘巨型龙舟，仅是隋炀帝一人乘坐，皇后另乘翔螭舟，随行人员又各有小船，共计数千艘。拉船的纤夫多达8万余人，其中龙舟便要使用纤夫9000余人，都穿着彩锦做的袍子，称之为"殿脚"。

整个船队浩浩荡荡，前后绵延200余里，河道两旁有骑兵相随，夹岸而行，旌旗蔽野。凡是隋炀帝所乘龙舟行经之处，500里内都要贡献珍稀食物，有的州上供多达100余车，全是水陆珍稀之物。有时全队出发之前，贡品太多，导致不得不就地抛弃掩埋。到了江都后，又大肆搜刮各地奇珍异宝，并命何稠为太府少卿，制作衣服及仪仗用品，仅此一项，便使用役丁10余万人，耗费金银财帛数以亿计。此后，又多次巡幸江都及全国各地。

横征暴敛

大业三年（607年），隋炀帝为修筑通往草原地区的驰道，征发黄河以北十余郡的男丁开凿太行山，直达并州（今山西太原）。同年，征发男丁100

余万，修筑长城。为了给自己北巡做准备，杨广下令在北部边境修筑长城，为此征发男丁100余万，西至榆林（今陕西榆林），东到紫河（浑河，位于今内蒙古南部、山西西北），仅仅用了15天便竣工，劳累致死的服役者几乎半数。大业四年（608年），又征发黄河以北诸郡百姓100余万，开凿永济渠，引沁水向南到达黄河，向北到涿郡（今河北涿州）。因为连续在河北诸地征发徭役，导致男丁难以为继，于是竟然开始徭役妇女。

隋炀帝为了满足一己私欲，还向天下各郡府广泛征求奇珍异宝。地方官员为了政绩和邀功，搜刮民脂民膏，掠夺地方宝物向中央进献。又耗费大量人力、财力运送这些财宝。发动远征高丽的战事时，因为要保证后方的粮草供给，所以大规模征收高强度赋税。这些都给普通百姓造成深重的灾难。

此后诸年，在隋炀帝的主导下，征发如此规模徭役的工程不在少数，加之统治后期连年征战，三次远征高句丽。这样高强度、大规模的征发劳役、兵役，使得百姓苦不堪言。有压迫的地方就有反抗，隋炀帝的暴政最终导致底层民众揭竿而起，隋朝江山危在旦夕。

大运河之姑苏段
出自清徐扬绘《姑苏繁华图》。大运河开掘于春秋时期，完成于隋朝，繁荣于唐宋，取直于元代，疏通于明清。经历三次较大的兴修过程，最后一次兴修完才称作"京杭大运河"。到了清乾隆时期，苏州、镇江、扬州等地因为大运河而日渐繁华，这才有了这幅刻画出了江南的湖光山色、田园村舍、闾阎城墙、古渡行舟、沿河市镇、流水人家的传世名画。

> 584年—610年

(开皇四年)命宇文恺率水工凿渠,引渭水,自大兴城东至潼关,三百余里,名曰广通渠。转运通利,关内赖之。诸州水旱凶饥之处,亦便开仓赈给。

——《隋书》卷二十四《食货志》

开通大运河

被列入世界文化遗产的中国大运河,因其辐射之广、修建时间之长,成为举世闻名的水利工程。隋唐时期,尤其是隋代,是大运河修建史上承上启下的时期,虽然当政者开凿运河的初衷不一,但都在客观上起到了方便转运漕粮、沟通南北的作用。

组成部分

广通渠、永济渠、通济渠、山阳渎(邗沟)、江南河

沿线城市

长安(今西安)、洛阳、涿郡(今北京南)、临清、汴州(今开封)、山阳(今淮安)、江都(今扬州)、余杭(今杭州)

沟通的水系

海河、黄河、淮河、长江、钱塘江

隋·青瓷乐俑

女俑高髻,面容秀美,修长典雅,短襦小袖,下着紧身长裙,裙腰高系,是隋朝富贵人家生活的一种反映。现藏于美国纽约大都会艺术博物馆

广通渠

隋代运河兴修,开始于隋文帝时期。开皇四年(584年),文帝杨坚下诏书说:"京城所在之地,人员往来繁多,并且四周都有重要的关塞,但是水陆的交通却很艰险。目前能依靠的仅是黄河及渭河的水运,虽说有一定益处,但渭河的水量变幻莫测,难以长期依赖,所以很有必要在潼关(位于今陕西渭南潼关北)和长安之间修建漕渠。"于是,派隋代著名建筑学家宇文恺率领众多水工,开始开凿漕渠。引渭河之水,从大兴城一直到潼关,绵延三百余里,称之为广通渠。文帝开通广通渠的目的,一是为方便潼关至长安之间的交通往来,以备军事需要;二是为了方便粮食的运输,遇到水旱灾害时方便开粮仓赈灾。

广通渠沟通了长安和洛阳,互相水运直达。漕运船可由长安出发,沿广通渠向东到潼关,再进入黄河。黄河从潼关改变流向,开始向东流,此段之后水流也趋于

隋炀帝游幸江都

出自16世纪《帝鉴图说》。依据隋代史书上记载,隋炀帝游幸江都时所乘的龙舟高达四层,最上面的一层有正殿、内殿、朝堂,中间两层共有120个房间,这三层全都用金、玉装饰得金碧辉煌;底层则居住着他的内侍。皇后乘坐的船叫翔螭,只比他乘坐的龙舟略微小一些。

平缓，适合水运。所以漕运船便可从潼关，沿黄河转洛水后直达洛阳。这是隋代修建运河网络的第一步。

山阳渎和通济渠

开皇七年（587年），隋文帝下令在旧有邗沟的基础上修建山阳渎。邗沟开凿于春秋末年，吴王夫差为军事需要，在今天的扬州建造邗城，同时开凿了从邗城北至淮水的邗沟。隋文帝此次修建山阳渎，主要是在邗沟的基础上进行疏通、扩展。山阳渎北起山阳（今江苏淮安），引淮河之水，经宝应（今江苏宝应）、高邮、江都（今江苏扬州），向南汇入长江。山阳渎沟通了淮水和长江这两大水系。

大业元年（605年），隋炀帝为满足自己南巡江都的目的，下令征募河南诸郡的役丁百余万人，开凿通济渠。从东都洛阳西苑引谷河、洛河向北直入黄河，又从洛阳东面的板渚（位于今河南荥阳汜水镇东北），引黄河水经过荥泽汇入汴水，再将汴水从大梁（今河南开封）东面引入泗水，一直到达淮河南岸的山阳。大运河修建至此，通济渠便和山阳渎（邗沟）通过淮水连接起来，通济渠又连接着黄河、广通渠，从长安至洛阳往南方的水运线路基本完成，这是大运河修建的第二步。

永济渠

第三步是向北延伸。大业四年（608年），隋炀帝下令开凿永济渠，征发河北诸郡的役丁一百余万人。引沁

水向南注入黄河，然后自沁水入河口东北开凿，向东北方向到临清（今山东省临清市），流经屯氏河故道，最后在今天的天津汇入海河。这是永济渠的南半段，称为"南运河"。后改道西北方向，沿永定河直达涿郡（今北京市境内），是为北段，称为"北运河"。永济渠沟通了黄河与海河水系，使华北地区水运系统相互连接。

隋代大运河修建至此，已经基本形成了以东都洛阳为中心的运河网络。大业六年（610年），隋炀帝为方便江南巡游，又继续扩展南方运河，修建江南运河。北起江都南面的长江，向南沿太湖东岸一直到达余杭（今浙江杭州），汇入浙江（今钱塘江）。大运河南线从江都向南延伸到了余杭，并且沟通了长江和钱塘江水系。

至此，隋代庞大的运河网络建造完成，以洛阳为中心，西到长安，南到江都、余杭，北至涿郡，沟通了南北五大水系，使钱塘江、长江、淮河、黄河、海河连为一体。虽然隋炀帝时期修建运河，其目的已经单纯地变为方便自己出游，但这一四通八达的水运网络，的确在客观上促进了南北方物质、文化交流，特别是大大方便了漕粮的运输。

大运河扬州段风光
运河扬州段是大运河最古老的一段。扬州古运河水质清澈，穿城而过，沿岸古迹林立，风土人情独特有趣。扬州城址的变迁与运河开发密切相关。据《左传》记载，公元前486年，"吴城邗，沟通江淮"。吴王夫差在扬州开凿的邗沟，成为大运河的起始河段。隋炀帝大规模全线开凿大运河，以扬州为中心，在邗沟的基础上进行南北扩掘和连接。

▶ 591年—599年

赵郡浟河石桥,隋匠李春之迹也。制造奇特,人不知其所以为。试观乎用石之妙,楞平砥,斗方版促郁缄,穿隆崇,豁然无楹。呼可怪也。

——唐·张嘉贞《石桥铭序》

李春与赵州桥

如一条彩虹般,赵州桥横跨浟河之上,它以优美的身姿屹立了1400多年,至今仍然吸引着慕名前往的人们。建造于隋朝开皇年间的赵州桥,以其年代之久远、构造方式之巧妙而闻名于世,是世界上现存最为古老、完整的石拱桥。

主角
李春

职业
桥梁工匠

主要成就
修建了举世闻名的赵州桥,为世界桥梁工程史上"敞肩拱"首创

赵州桥,位于河北省赵县,赵县在隋代称赵州,故名。宋代皇帝哲宗又赐名"安济桥",寓意为"安度济民"。另外,因为整座桥都用石块砌成,所以当地民众又称之为"大石桥"。具体的建造时间史书上没有记载,据学者研究可能是在隋开皇中期(591年—599年)建造。

赵州桥的设计者和建造者,是隋代著名工匠李春。桥建在浟河之上,全长50.82米,跨径(两侧桥墩之间的直线距离)37.2米,拱券高7.2米,桥面宽9米,是一座单孔敞肩式石拱桥。整座桥全部用石块建成,共用石料上千块,每块重量都在1吨左右。桥面两侧由42块石栏板制成护栏,上有雕刻精美、造型灵动的龙形、花鸟纹饰。

隋代河北赵州(今河北省赵县),是北方的交通要冲,从洛阳陆路到达涿郡的必由之地。位于赵州城南西北、东南走向

李春雕像
李春,生卒年不详,隋代造桥匠师。现今河北邢台临城人士。隋开皇中期(591年—599年)建造赵州桥(安济桥)。唐中书令张嘉贞著《安济桥铭》中记有:"赵州浟河石桥,隋匠李春之迹也,制造奇特,人不知其所以为。"但赵州桥存世1400多年,堪称中国建筑史上的奇迹之一。

的浇河，河面宽阔，严重影响了来往的行人及客商。有鉴于此，隋代著名工匠李春，主持建造了这座"大石桥"。关于李春，除了他是赵州桥的建造者这点外，其他的信息后人一无所知，这位杰出的桥梁专家甚至没有在史书上留下名字，人们是通过唐代中书令张嘉贞所写的一篇文章，才知道赵州桥为隋代工匠李春所建。

赵州桥之所以著名，除了建造时间早外，更在于李春在造桥技术方面的多项创新。隋代之前修建拱桥，多是"实肩拱"，即桥拱形结构的两端为实心构造。李春对这一筑造方法进行了改良，使用"敞肩拱"的设计结构。在一个大拱为主体的基础上，于大拱肩部再各建造两个小拱，所以全桥一共5个拱券。主拱（大拱）和小拱所用的券石都是并列砌筑，小拱由27或28道券石砌成，券石宽度在25～40厘米之间。这种并列砌筑的方法，在中国古代拱形结构中较为常用，由于各列券石之间为平行并列结构，之间并无密切的联系，为了增强其稳定性、一体性，李春使用了一些横向勾连的方法，起到了加固的作用。

隋代李春所建造之赵州桥，历经1400多年的风风雨雨，又有地震、洪水等自然灾害的考验，但它依然屹立不倒，这足以成为世界桥梁建筑史上的奇迹。在欧洲，直到14世纪才有了小型的石拱桥，这说明中国古代的石拱桥建造技术领先欧洲近800年。

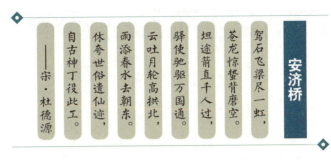

安济桥

驾石飞梁尽一虹，
苍龙惊蛰背磨空。
坦途箭直千人过，
驿使驰驱万国通。
云吐月轮高拱北，
雨添春水去朝东。
休夸世俗遗仙迹，
自古神丁役此工。

——宋·杜德源

河北赵州桥

607年—614年

（大业）八年春正月辛巳，大军集于涿郡……总一百一十三万三千八百，号二百万。其馈运者倍之。癸未，第一军发，终四十日，引师乃尽，旌旗亘千里，近古出师之盛，未之有也。

——《隋书》卷四《炀帝纪》

穷兵黩武

宫苑满天下，御河通南北，即使常年奢华的巡游，依然满足不了好大喜功的隋炀帝。他还要通过强大的军队去征伐异族，以此耀武扬威，从而达到迫使四方小国对自己俯首称臣的目的。

时间
607年—614年

主角
隋炀帝

征伐对象
突厥、吐谷浑、流求、高句丽

事件
降服突厥、三征高句丽

长孙晟射雕图
长孙晟（551年—609年），字季晟，河南洛阳人，上党文宣王长孙稚曾孙，平原县侯长孙兕的儿子，隋右骁卫将军、著名外交家、平突厥之功臣。对保持隋北境安宁、促进民族融合做出了重大贡献。其子为唐朝名相长孙无忌，女为文德皇后长孙氏。

破契丹，降突厥

隋炀帝自恃国富兵强，即位之后就对周边各族不断进行各种军事、外交活动，以图取得"秦皇汉武之事"。

大业元年（605年），契丹侵扰营州（今辽宁朝阳），隋炀帝命通事谒者（yè zhě，官名）韦云起监领突厥兵去讨伐契丹。韦云起率突厥启民可汗出借的2万骑兵，诈称去柳城（治所营州）与高句丽交易而乘机偷袭，俘获了契丹4万人和畜产无数。

大业三年（607年）四月，隋炀帝开始出发北巡，到达榆林（今属陕西），突厥启民可汗来朝。为向突厥示威，隋炀帝带了士兵50余万，战马10万余匹，又有旌旗辎重排列其后，整个出巡队伍绵延千里，不绝于道。车驾还处于行进途中，或者在行宫驻扎时，突厥启民可汗便数次派其子朝见隋炀帝。又派遣使者请求隋炀帝，表示愿亲自入塞迎接隋天子，但被隋炀帝拒绝了。因为隋炀帝北巡带着重兵，怕突厥人惊讶惧怕，所以提前让使者知会启民可汗。隋使者到达突厥部落后，启民可汗召集了数十位酋长，一同接受隋炀帝诏书。隋朝使者见机会难得，便意欲羞辱启民可汗一番，见牙帐中有杂草，便说："天子出巡，诸侯必须要亲自洒扫道路，以此表示恭敬之心。"启民可汗无奈之下，只好带领众人铲除地上的杂草。

隋炀帝到达突厥部落，其军队、仪仗规模之大，让突厥民众惊叹不已，十里之内，纷纷屈膝跪拜在地，更无人敢骑马乘车。启民可汗在帐外恭敬等候，隋炀帝进入牙帐之后，启民可汗双手奉上酒杯，然后跪伏在地，异常谨慎，突厥众贵族王侯甚至都不敢仰视隋天子。突厥如此这般卑躬屈膝，让隋炀帝心中大悦，当即写下一首诗："呼韩顿颡至，屠耆接踵来。何如汉天子，空上单于台。"

饮马长城窟行

撞金止行阵，鸣鼓兴士卒。
千乘万旗动，饮马长城窟。
秋昏塞外云，雾暗关山月。
缘严驿马上，乘空烽火发。
借问长城侯，单于入朝谒。
浊气静天山，晨光照高阙。
释兵仍振旅，要荒事万举。
饮至告言旋，功归清庙前。
——隋炀帝

东征西讨

隋炀帝想要效仿汉武帝，与西域诸国建立联系，而位于隋朝西部的吐谷浑，正好横亘其间，阻碍了西域少数民族与内地的交往。大业三年（607年），吏部侍郎裴矩建议说，西域诸"胡人"中多有奇珍异宝，并且吐谷浑也很容易击败，这让隋炀帝蠢蠢欲动。这年，隋炀帝任命裴矩为黄门侍郎，使之出使张掖郡，游说西域的少数民族入中原朝贡，并承诺隋朝会赐予众多财物。

隋·"仙山并照"瑞兽铭文镜
圆形，宝珠纽，双弦纹高圈外环绕一周四言骈体铭文"仙山并照，智水齐名，花朝艳彩，月夜流明，龙盘五瑞，鸾舞双情，传闻仁寿，始验销兵"。此镜铭文中的"仁寿"应该指的是隋仁寿年间，"传闻仁寿，始验销兵"乃是对仁寿年间（601年—604年）隋朝平息突厥，边陲由此和平安宁之历史功绩的称颂。

大业四年（608年），隋炀帝再次接受裴矩的建议，说服了突厥铁勒部攻击吐谷浑，大获全胜。吐谷浑可汗伏允向东逃遁而去，进入了西平郡（今青海西宁），并向隋炀帝请求投降。但隋炀帝并未接受，反而派安德王杨雄、许国公宇文述等率重兵，前往西平剿灭吐谷浑残部。可汗伏允率残部又逃至临羌城（位于今青海湟源），此时宇文述兵至，攻城略地，斩杀吐谷浑士兵3000多人，俘获王公贵族200余人，可汗伏允逃奔远遁，此后吐谷浑地界尽归隋朝所有。

大业三年（607年），隋炀帝还曾派遣羽骑尉朱宽入海访求珍宝，到达了流求国后返回。次年，又派朱宽前往流求，企图使其称臣，但流求国并未顺从。于是隋炀帝派武贲郎将陈棱、朝请大夫张镇州，率部队从海上攻击流求国，流求战败，陈棱焚烧了城中的宫殿房屋，俘虏男女数千人后返还。

三征高句丽

对突厥、林邑、吐谷浑等民族的军事威慑及战争都取得了胜利，这让隋炀帝的自大心理膨胀到了极点。当他信心满满地御驾亲征高句丽（今朝鲜半岛）时，却遭遇到前所未有的惨败，就在隋炀帝心有不甘并发动第二次进攻时，未承想又"后院着火"。

隋文帝时，高句丽国王联合靺鞨军地，占领了隋朝辽西等地。隋炀帝为了恢复故地，借口高句丽王元不肯入朝称臣，下令东征高句丽。大业七年（611年），隋炀帝从江都（今扬州）沿运河北上直达涿郡（今北京市境内），下诏在东莱（今山东烟台）海口筑造战船300艘，又从南方调集难以计数的水手、船只、物资等。次年（612年），调集四方军队100余万，号称大军200万，云集涿郡，运送而来的物资则翻倍。大军直指高句丽平壤城下，高句丽军队诈称投

隋·白釉明光铠武士俑
此俑怒目隆鼻，挺胸直立，头戴铁兜鍪，身穿明光铠，腰束革带，甲长及膝，一手平握，一手置于胸前，显得威武庄严。明光铠创始于三国时期，当时非常名贵，只有将领才能穿着。其特点是铠甲的胸前、背后都有左、右两片椭圆形的金属圆护，打磨得极亮，颇似镜子。在战场上穿明光铠，由于太阳的照射，将会发出耀眼的"明光"，故名"明光铠"。明光铠一般有盆领，肩覆披膊，腰上束带，个别还有腿裙，在北朝晚期日益流行，表现出取代两当铠的趋势。隋代的甲胄承袭北朝晚期，明光铠已成为主要类型，与保护战马的具装铠配合使用。当时还出现了步兵使用的明光铠，腰腹以下一般有较长的腿裙，穿有这种铠甲的人不便乘骑而只能步战。

降，等隋军放松警惕，随即又加强守御，并且拒绝迎战。就这样数次之后，隋军已经疲于应对，但是隋炀帝依然没有醒悟过来。最后隋军物资储备即将耗尽，而内地转运的粮食又难以为继，导致军队连遭败绩。御驾亲征高句丽，就这样失败了，此次出征损失惨重，战前的百余万部队，最后只剩不到1万人。

隋炀帝当然不会甘心失败，于是在大业九年（613年），接着发起了对高句丽的第二次进攻。次年（614年），隋炀帝不顾天下反兵蜂起，毅然第三次远征高句丽，虽然军队已经损失惨重，但此时的高句丽更是疲于应付，最后向隋朝投降。

尽管最终取得了对高句丽战争的胜利，但连年战争的兵役之苦，激化了国内的阶级矛盾，等待隋炀帝的，是全天下"敌人"的奋勇进攻，这也使得隋王朝即将土崩瓦解。

八角城遗址
4世纪南北朝时期，原居辽东的鲜卑人吐谷浑在家族争斗中负气出走，带领一支族众离开故土长途跋涉西迁至枹罕(今甘肃临夏)。骁勇的鲜卑人在这里迅速强大起来，不久就占领了甘肃、青海两地黄河以南的大部分地区，建立了吐谷浑国。八角城紧邻吐谷浑国发祥地枹罕，正处在由迭部出发，途经碌曲、夏河、临夏，前往西宁的丝绸之路河南中支道中点，成为河南道中重要的交通和屯兵关塞。

611年—624年

（大业七年）官吏贪残，因缘侵渔，百姓困穷，财力俱竭，安居则不胜冻馁，死期交急，剽掠则犹得延生，于是始相聚为群盗。……自是所在群盗蜂起，不可胜数，徒众多者至万余人，攻陷城邑。

——《资治通鉴》卷一百八十一《隋纪》

农民起义大浪潮

哪里有压迫，哪里就有反抗。已经走投无路的民众，纷纷举起锄头和镰刀，挥舞着刺向了隋王朝的心脏。在全国各地起义大浪潮的席卷之下，刚刚建立几十年的王朝大厦，瞬间土崩瓦解。

时间

611年—624年

主要起义军

王薄起义军，领导者邹平人王薄；
杨玄感起义军，领导者礼部尚书杨玄感；
河北起义军，领导者窦建德；
瓦岗起义军，领导者翟让、李密；
江淮起义军，领导者杜伏威、辅公祏

群"盗"蜂起

隋炀帝为满足一己私欲，大力兴建苑囿宫殿，征发徭役无数，这已使天下苍生不堪忍受。从大业七年（611年）开始，又远征高句丽，为了征集军粮，炀帝征发山东、河北民众运送粮食，全部囤积在泸河（今辽宁义县境内）。

走投无路的民众，有的开始落草为寇、聚众成盗。山东邹平人王薄首先举旗起义，他在山东章丘的长白山聚众为寇，常于齐郡（今山东济南）、济北郡劫掠财物，并且号称"知世郎"，能够未卜先知。王薄针对那些深受运输军粮任务压迫的民众，写出了《无向辽东浪死歌》加以劝告，号召他们不要再接受劳役，于是那些意欲躲避劳役的民众，纷纷归于王薄旗下。

王薄之后，山东平原人刘霸道据豆

隋末起义军首领王薄像

王薄（？—622年），隋朝末期起义领袖之一。齐郡邹平（今山东省内）人。隋炀帝大业七年（611年）十月，王薄因兵役繁重，与同郡孟让首先起兵反隋。

子航称雄，他出身官宦世家，财富丰厚，性格宽厚，喜好游侠。群"盗"蜂起之时，因为刘霸道远近闻名，所以众人纷纷依归，并形成了力量壮大的一股势力，聚众一万余人，号称"阿舅贼"。

起义的力量除了普通民众外，还有统治集团内部的礼部尚书杨玄感。

隋炀帝大业末年，天下起义的民众星罗棋布，据统计能够确认的反对隋朝的起义军有二百多支。各支力量经过兼并会合，最有影响力的三股势力逐渐形成：分别是窦建德领导的河北起义军，李密、翟让领导的瓦岗起义军以及杜伏威、辅公祏领导的江淮起义军。

《河间之战》油画
河间之战是隋大业十三年（617年）窦建德与隋军在河间（今属河北）的一次正面交锋。窦建德获得河间大捷以后，权势在河北便愈来愈壮大，是其改元称王前的关键性一战。

窦建德河北举兵

大业七年（611年），河北清河郡的农民孙安祖，被选中参加远征高句丽的军队，但此时的孙安祖正遭遇天灾人祸，田地房屋被洪水所淹，妻子也饿死，所以他极力反抗，并最终刺杀了县令。孙安祖找到自己的同乡好友窦建德，窦建德建议他不如聚众起义，于此窦建德募集了壮士几百人，交给了孙安祖。后来朝廷派兵搜捕起义相关的民众，怀疑窦建德与起义者相互勾结，便收押了他的家人，不论长幼全部杀害，这让窦建德愤恨不已，一怒之下率众投入起义军高士达麾下。

窦建德在起义军中颇有威信，后来孙安祖被杀，其余众便又跟随了他，人数已经超过一万。他待人接物颇有风度，与普通士卒同甘共苦，所以属下皆誓死效忠。大业十二年（616年），涿郡通守郭绚率领大军一万余人征讨高士达，高士达自认为在计谋上不如窦建德，于是便自己留守，让窦建德率军迎战。事实证明，窦建德确实是一位有着卓越军事才能及领导能力的将领。

他与高士达定下计谋，假装二人关系不和，并让人将窦建德要反叛高士达的假消息散播出去。高士达也宣称窦建德将要背叛自己，这一系列的假象，无非是要蒙蔽郭绚领导的隋军。此时，窦建德又率领军队佯称要投降,成为郭绚军队的排头兵。大意的郭绚轻易相信了,开始变得懈怠起来,窦建德瞅准时机发动进攻,一举大破隋军。

之后隋朝又遣太仆卿杨义臣平定高士达起义军,在此次战役中,高士达不幸战亡,于是窦建德便成为这支起义军的新领袖。经过几次攻城略地,窦建德的军队已经壮大到十余万人。大业十三年(617年),窦建德在河间乐寿建立地方政权,号称长乐王,年号丁丑。之后,又挫败了隋右翊卫将军薛世雄的军队,诛杀宇文化及余部,俘获并斩杀了宇文化及。

群雄瓦岗聚首

隋末农民大起义中,最为强大的一支力量当属瓦岗军。大业七年(611年),东郡(今河南濮阳)的一名小官吏犯罪之后,潜逃到瓦岗(今河南滑县境内),并伙同众人聚首起义,他便是翟让。参加翟让起义队伍的,还有单雄信、徐世勣等人,并且规模愈加庞大。

大业十二年(616年),杨玄感起义失败后,在其手下出谋划策的李密开始了逃亡生活,最终选择了翟让的瓦岗军。李密受到了翟让的重视,二人联手打败了前来镇压瓦岗军的隋朝大将张须陀。次年,又攻取洛口仓,赈济贫苦百姓,同时大挫越王杨侗派来的虎贲中郎将刘长恭。此战之后瓦岗军声势大涨,又一鼓作气,大军直逼东都洛阳城郊。但是此时的瓦岗军内部已经产生分裂,李密无奈之下杀了翟让,又正值宇文化及率军征讨,双方均损失惨重,走投无路之下,李密投降了新建立的唐王朝。

江淮起义军

隋末唐初江淮地区的起义军中,杜伏威、辅公祏所领导的两支队伍最为声势浩大。杜伏威(?—624年)是山东人,他首先在章丘长白山起义,后又转战到淮南地区,并且兼并了另外几支农民起义军,所以力量逐渐壮大。隋朝曾两次派兵镇压,但皆全军覆没,这让杜伏威的军队更加声名远扬,其他势力纷纷并入,逐渐成为江淮地区最为强大的起义军。人多势众的杜伏威并没有称帝之心,所以在唐武德二年(619年),他向唐朝投降,成为扬州总管。

杜伏威手下有名大将叫辅公祏(?—624年),齐州临济(今山东章丘西北)人,降唐四年之后的武德六年(623年),辅公祏在丹阳(今江苏南京)举兵反唐。其实在降唐之前杜、辅二人便已经产生矛盾,所以当杜伏威入唐任官后,辅公祏便产生了异心。反叛后的辅公祏在丹阳称帝,定国号为宋,沿用南朝陈的宫室。但是此时的形势已经大变,各地大起义的浪潮正逐渐退去,所以辅公祏注定要失败。次年,唐朝派遣重兵出使淮南,镇压反叛,并攻破丹阳城池,辅公祏也被俘获。这是隋末唐初大起义浪潮的尾声。

隋·剑
剑,为"短兵",被称为"百兵之王",是古代兵器之一,隋唐时佩剑十分流行。

唐

618年—907年

晋阳起兵，逐灭群雄
承前隋之创制，拓疆土之雄风
天可汗君临四海，女皇帝承上启下
和亲吐蕃，治理西域
远赴天竺，东渡扶桑
唐诗之盛，李杜并峙
遣唐使远涉重洋，唐三彩流风百代
盛唐气象，至今为人津津乐道

617年

(隋恭帝义宁元年)秋七月壬子,李渊以子元吉为太原太守,留守晋阳宫,后事并委之。癸丑,渊帅甲士三万发晋阳,立军门誓众,并移檄郡县,谕以尊立代王之意。

——《资治通鉴》卷一百八十四《隋纪》

晋阳起兵

历史的滚滚车轮从不停歇,每当前行的道路崎岖不平,便会卷起飞扬的尘土。而在此时,往往豪杰并出。隋末农民大起义的浪潮中,统治集团内部的李渊也趁机而起,在晋阳举兵,佯称尊立代王,实则反隋。

时间
617年

地点
晋阳(今山西太原)

主角
李渊、李世民

影响
为建立唐朝奠定基础

雀屏中选图
现代画家徐操绘。窦后的父亲窦毅画两只孔雀在屏风间,让求婚的各射两箭。求婚的几十人都不合要求,唐高祖李渊最后两箭射中孔雀的两只眼睛。于是就把窦后嫁给了李渊。

出身显贵

隋末起义的战火燃遍了大江南北,山西中部一带也未能幸免,好几支农民起义军聚集于此,于是隋炀帝派遣李渊镇压叛军。李渊与建立隋朝的杨坚一样,都属于西魏时期形成的关陇贵族集团。其祖父李虎出生在武川镇,作为宇文泰的得力干将,在建立府兵时,成为西魏的主要将领及权臣——八大柱国之一。杨坚的父亲杨忠,在西魏时也是宇文泰麾下的重要将领,此后李氏与杨氏关系愈加紧密。李渊的父亲和杨坚,都娶独孤信的女儿为妻,所以在血缘关系上李、杨二氏互为表亲,李渊与隋炀帝杨广是表兄弟。

李渊的父亲李昞在北周时任安州(今湖北安陆)总管、柱国大将军,亦是朝中砥柱,并且承袭李虎爵位为唐国公。其后,李渊又袭此爵位,隋初曾任过刺史和太守。隋末农民起义大浪潮袭来之时,李渊被隋炀帝派往山西镇压叛乱，官任山西、河东抚慰大使。大业十三年（617年），隋炀帝结束了远征高句丽的战事，前往江都（今扬州）巡幸，李渊被任命为太原留守。

唐高祖立像
唐高祖李渊（566年—635年），字叔德，陇西成纪（今甘肃秦安叶堡乡）人，中国北方贵族出身，唐朝开国皇帝。

决心起兵

李渊娶窦后为妻，生有四子，依次为李建成、李世民、李元霸、李元吉。次子世民从小聪敏有智慧，并且胆识过人，非常有决断力。他见到此时天下大乱，隋王朝已经危在旦夕，于是暗地里下定决心，要平定天下。但他知道父亲李渊不会轻易起兵，所以他要做的，就是说服李渊。

隋末北方的突厥又活跃起来，经常南下侵扰边境。这次突厥又侵犯马邑（位于今山西朔州），李渊派遣高君雅领兵出战，和马邑太守王仁恭奋力抵抗突厥军队，但仍然战败。李渊知道战事失利后，十分惊恐，忧心忡忡，这时李世民乘虚而入。他让李渊周围的人都退下，独自对父亲说："现在主上荒淫无道，百姓穷困潦倒，晋阳城外都沦为战场，现在的状况是下有群盗滋扰，上有严刑酷法，正是危急存亡的时刻。不如趁机举兵起事，顺应民心，同时也转祸为福，此乃天赐良机。"

李渊听闻此言，十分震惊，责备李世民说："你怎么能说出这种话，小心我将你押送到县衙告官。"但李世民并不在意，继续说道："世民这是观察天象和老百姓的生活之后，才敢这么说。"之后，又反复劝告其父李渊。李渊经过深思熟虑，最终边叹气边对李世民说道："我昨晚一直考虑你说的话，觉得确实有道理。家破人亡，还是变家为国，就在此一举了！"在国家局势

晋阳古城遗址

晋阳古城遗址位于山西省太原市晋源镇古城营村附近，始建于春秋中晚期（前497年），历经秦、汉、三国、南北朝、隋唐、五代，于宋太平兴国四年（979年）毁于战火。晋阳古城东西长约4500米，方位为北偏东18°，面积约20平方千米。1962年中国考古工作者在晋阳古城遗址发现数段城墙和三座小城遗址。

和生存环境的压迫之下，经过李世民反复劝说，李渊终于决定起兵反隋。

剪除眼线

每逢易代之际，社会上便会有谣言流传，隋末有童谣说："桃李子，洪水绕杨山。"众人都以为姓李的人将要谋反夺取天下，隋炀帝也这么认为，所以他从心底里是不信任李渊的。起初任命李渊为太原留守时，炀帝便在晋阳安插了王威、高君雅二人作为眼线，监视李渊。

当李渊、李世民父子谋划起义之事，并开始招兵买马时，王威、高君雅二人察觉到异动。这时晋阳一位地方官向李渊报告说："王威、高君雅二人意图借晋祠祈雨之时，做对您不利的事情。"于是，一场剪除炀帝眼线的计划便开始实施。大业十三年（617年）五月，一天深夜，李渊派遣李世民率兵埋伏在晋阳宫城外。第二日一大早，李渊佯装与王威、高君雅坐在一起工作，暗地里则让刘文静派司马刘政会来到庭院中，号称有军中机密情报。李渊让王威去拿报告书，但刘政会不给，并说："所告发的事情与王、高二位有关，所以希望向您单独报告。"李渊表现出很惊讶的样子说："怎么会有这种事！"看过报告书后，高声说道："王威、高君雅二人私通突厥，将其引入边境。"然后不由分说，刘文静、刘弘基、长孙顺德等，配合李世民的人马，将王、高二人一举拿下，投送狱中。

过了几日，突厥果然大军压境，侵略晋阳。众人都以为是王威、高君雅二人招来的突厥军队，李渊便趁此机会斩杀了王、高二人，阻碍李氏起兵的眼线终于除掉了。

聚兵起义

李渊听从李世民的建议，坚定了举兵起义的决心，但是此时自己手下的兵马还不太壮大，而且长子李建成和幼子李元吉还在河东，所以李渊迁延不敢发兵。刘文静看到此状况，对裴寂说："先发制人，后发制于人。为什么不早点劝告唐公（李渊）起兵，而是不断拖延。你是晋阳宫的宫监,所以才用对待宫人的方式对待客人吧!你死了无所谓,可不要耽误了唐公啊!"裴寂这时才开始担心,劝说李渊早日起兵。

李渊这才开始招兵买马,为起义做准备。他让刘文静伪造皇帝敕书,征发太原、西河、雁门、马邑的民众,凡是二十岁以上,五十岁以下的男子,全都要应召入伍,假称说是要为远征高句丽征兵,实则为自己募集军队。同时,密召李建成、李元吉带兵返回晋阳,女婿柴绍也一道回来。李渊又听从了刘文静的建议,北上派使者与突厥联系,让突厥助自己一臂之力。

大业十三年(617年)七月,李渊让幼子李元吉任太原太守,留守晋阳宫,交代了一应事务。诸事安排妥当后,李渊率领军队3万人从晋阳出兵,在军门外誓师,并向各郡县发布檄文,昭告天下,要尊隋炀帝为太上皇,立代王杨侑为天子,以此为幌子起兵。西突厥将领也率大军尾随其后。就在天下"群盗蜂出"之际,李渊也在晋阳举兵起义。

汾阳宫遗址

汾阳宫遗址地处山西宁武天池湖畔,是隋炀帝杨广为游猎和避暑方便,在北方兴建的最大行宫——汾阳宫的遗址所在。据清代《宁武府志》记载"隋汾阳宫,在县西南六十里,世传隋炀帝避暑处"。现存主殿遗址坐落在天池之南的老马沟东侧,长170米,宽140米,占地2万多平方米,柱基石直径一米左右。

617年—618年

（隋恭帝义宁二年五月）隋帝逊于旧邸。改大兴殿为太极殿。甲子，高祖即皇帝位于太极殿，命刑部尚书萧造兼太尉，告于南郊，大赦天下，改隋义宁二年为唐武德元年。

——《旧唐书》卷一《高祖纪》

长安称帝

李渊在李建成、李世民及众位将领的协助下，从晋阳出发，一路披荆斩棘，最终进军长安。待到隋炀帝死后，他便立即抛弃了傀儡皇帝杨侑，自己登上了皇帝的宝座，称帝建唐。

时间
618年

背景
隋炀帝在江都被禁军将领兵变杀死，其拥立的隋恭帝被迫让位于李渊

进军路线
太原—霍邑—临汾—绛郡—河东—潼关—长安

国号
唐

年号
武德

唐高祖像
李渊称帝后，百废待举。他一面组织力量进行统一全国的战争，一面注意加强政权建设。唐朝前期的政治、经济、文化、军事制度，在李渊时期基本上初具规模。

天时地利

大业十三年（617年）李渊与儿子李建成、李世民谋划晋阳起兵之时，便定下进军关中，占领长安的方针。这时全国各地的大小起义军气势正盛，并且主要集中在河北、河南、山东等区域。河北有窦建德军队据守，河南一带则是李密率领的瓦岗起义军。另外，江淮大运河一线因为常有漕粮往来，所以也聚集着许多起义军，如杜伏威、辅公祏等势力。隋王朝的主要军队，这时都被牵制在上述区域，即使李渊起兵山西，隋军也无暇顾及，至少不会遭遇到过于强烈的镇压。

隋炀帝即位之初，便实际将办公地点迁到了东都洛阳，所以隋代后期，洛阳已然成为政治权力中心，也是北

方的经济中心。长安相对来说,则受到了冷落,相对地,起义军和其他势力冲突的影响较洛阳为少,故而称得上是隋王朝权力风暴中的"无风区域"。隋炀帝南巡江都之后,命年仅13岁的代王杨侑镇守长安,代王年幼,无力掌控全局,而长安城内又无隋朝重臣名将。所以,李渊看中了关中,将长安作为起义的目标,同时也是继晋阳之后的第二个大本营。也正因为如此,起义时才举着"尊立代王"的旗号。

屈突通像
蒋国忠公屈突通(557年—628年),长安人,隋唐时期名将,凌烟阁二十四功臣之一,北周邛州刺史屈突长卿之子。先世为库莫奚种人,依附鲜卑慕容氏。大业年间曾平定杨玄感叛乱,数次镇压农民起义。隋炀帝南巡江都,委其镇守长安。唐高祖起兵入关,屈突通坚守潼关,兵败被俘,后降唐,任兵部尚书,封蒋国公。

派右武侯大将军屈突通领勇士数万屯守河东(今山西省永济市东南)。与此同时,李密率领的瓦岗军正围攻东都洛阳,李渊本想联合李密结为盟军,但李密自恃兵强马壮,极为傲慢。李渊便将计就计,假装奉承李密,好让后者在洛阳牵制隋军,为自己攻陷长安创造时机。

晋阳发兵

李渊等人率领的起义大军,从晋阳出发,沿着汾河一路南下。在此之前,李渊先将军队组织做了安排。大军分左右,通称为"义士"。裴寂等人尊李渊为大将军,于是设立大将军府,以裴寂为将军府长史,刘文静为司马,另外其余文武官员各根据才能选任。李渊封长子李建成为陇西公,并任左领军大都督,左三统军隶属其下。次子李世民为敦煌公、右领军大都督,统管右三统军,女婿柴绍在李世民手下任长史。

代王杨侑知道李渊起义,并要进军关中后,紧急派遣虎牙郎将宋老生率精兵两万镇守霍邑(今山西霍县),另

过关斩将

七月十四日,李渊起义大军穿过雀鼠谷行进至贾胡堡,距离镇守霍邑的宋老生大军不过几十里。李渊军队遭遇到连日雨水,军中粮草匮乏,后方的补给又不能及时运送到军中。之前派往突厥向始毕可汗求兵的刘文静迟迟未归,有传言说突厥将要和刘武周勾结,趁机偷袭晋阳。李渊担心后方失守,意图撤军北归,裴寂也表示支持。但李建成和

刘弘基像

刘弘基（582年—650年），雍州池阳（今陕西泾阳）人，唐初名将，隋朝河州刺史刘升之子。刘弘基早年以父荫为右勋侍，为避从征高句丽，故意私宰耕牛，被捕入狱。后投奔太原，李渊起兵时，刘弘基斩杀宋老生，击破卫文升，围攻长安，以功授右骁卫大将军。后随李世民征战，讨伐薛举，大败宋金刚，平定刘黑闼，进封任国公。

李世民坚决反对，主张继续进军。经过反复劝说之后，李渊同意召回已经北撤的一部分军队，不久，太原的粮草补给也运抵军中。

八月初，雨过天晴，李渊命令将士们将盔甲、兵器在太阳下晾晒。一日清晨，军队由山脚小道缓慢向霍邑进发，李建成、李世民带领少数骑兵在城门口挑衅，宋老生一怒之下带兵三万出城迎战，这时埋伏在后面的李渊军队后发而至，隋军大败，宋老生坠下马鞍，刘弘基就地斩杀。霍邑之战，李渊军队杀敌无数，横尸遍野，取得绝对胜利。进城之后，李渊犒赏众将官，并且抚慰城中民众，由此收买民心。之后，又顺利经过临汾（今山西临汾）、绛郡（今山西绛县）。

九月，大军直逼屈突通镇守的河东郡。李渊军中关于是否绕开屈突通直至长安产生了争议，裴寂主张先攻克屈突通，然后再进发，但李世民认为不应该在此耗费时间，须趁此时机先进攻长安，至于屈突通则不足为虑。李渊采取了折中的办法，将大军分为两路，一部分将领率军继续围着河东，自己则带兵向西行进。

入关称帝

入潼关后，李渊命刘弘基、殷开山分兵西攻扶风，李世民则聚兵长安以西的司竹，对隋西都长安形成合围之势。十月底，李渊下令诸军队进攻长安城，并约法三章，严令不得侵犯隋宗庙及代王宗室。十一月，长安攻克，李渊迎代王于东宫，并迁居大兴店。同时与长安民众制定法令十二条，废除隋朝苛暴的法律。不久之后，又迎代王杨侑即皇帝位，是为隋恭帝，遥尊远在江都的隋炀帝为太上皇。但实际上杨侑不过是个傀儡皇帝，李渊是此时长安政权的核心人物，他的称号是假黄钺、使持节，并且都督中外诸军事，这与杨坚代周时的做法如出一辙，同时又是尚书令、大丞相，进封唐王。

第二年，宇文化及逼迫隋炀帝在江都自缢，五月甲子日，唐王李渊正式在太极殿即皇帝位，定国号为唐，改元武德。隋末逐渐"失宠"的长安城，迎来的不仅是新的皇帝，更是一个强盛、恢宏的崭新王朝。

唐·鎏金叶形银盘

银质，通体鎏金，上嵌各种祥瑞花卉及吉祥图案。造型奇特，工艺精湛，充分显示了唐朝的繁华和开放。唐朝被认为是中国古代金银器制作和使用的"繁荣期"。丝路畅通，经济繁荣，外交频繁，盛世里的能工巧匠汲取了中亚粟特、西亚萨珊金银制造技术，融汇中国传统纹样，使得这一时期的器物均精美清新。此盘现藏于美国纽约大都会艺术博物馆。

▶ 618年—623年

（武德四年）五月己未，秦王大破窦建德之众于武牢，擒建德，河北悉平。丙寅，王世充举东都降，河南平。……（五年十二月）皇太子破刘黑闼于魏州，斩之，山东平。

——《旧唐书》卷一《高祖纪》

削平群雄

隋朝开创的大统一局面，在隋炀帝手中又重陷分裂。唐高祖李渊即位，始命诸将东征西讨，西部的薛举、薛仁杲父子，北方的刘武周势力，洛阳附近的王世充，以及占据河北的窦建德，一一被唐军击败，或退守边地，或事败身死。隋末短暂的动荡之后，中华又恢复统一。

时间
618年—623年

平定的群雄
西北金城的薛举、薛仁杲；武威的李轨，山西的刘武周、宋金刚；洛阳郑帝王世充；河北夏王窦建德；汉东王刘黑闼

平乱主将
李世民、李建成

影响
唐朝平定国内割据，开始把精力集中在发展经济上

平定薛举

侨居在金城（今甘肃兰州）的薛举家财万贯，而且喜好结交豪杰，此时他已经是金城府校尉，在甘肃一带称雄。隋恭帝义宁元年（617年），陇右地区盗贼聚集，金城县令征集士兵数千人，命令薛举带领着去讨伐群盗。薛举与其子薛仁杲及同党十三人，趁机扣押县令及一众官吏，开粮仓赈济民众。同时自称西秦霸王，改元秦兴，割据一方。之后又

金·赵霖·昭陵六骏图卷（局部）
图依据唐太宗昭陵六骏石刻而绘，全卷分六段，每段画一马，旁有题赞。笔法遒劲，设色精微。

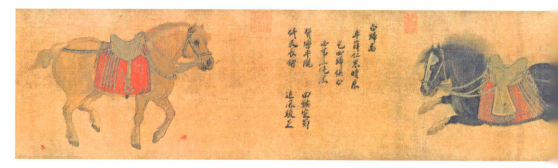

兼并周围的各种军事力量,势力逐渐强大。同年七月,薛举称帝,定都天水(今甘肃天水)。

李渊进军长安的同时,薛举也带兵计划谋取长安,并号称拥兵30万。但是李渊抢先一步占据长安,薛举无奈,便带兵围困扶风。李渊派遣李世民带兵出击,重创薛仁杲军队。又命其他官员出散关(位于今陕西宝鸡南),前往陇右安抚民众。唐高祖武德元年(618年),薛举又多次派兵侵扰关中附近区域,李世民皆英勇迎战,多次击退敌军。薛举死后,其子薛仁杲继位,继续执行与唐朝针锋相对的方针。李世民采取以静制动的战法,耗尽薛仁杲大军粮草,然后抓住时机,大举进攻。走投无路的薛仁杲只得投降,陇右遂平定。

收复山西

马邑是北方军事重镇,位于突厥势力和中原的缓冲地带,故而地位重要。隋末马邑太守王仁恭极不称职,好收贿赂,性骁勇喜游侠的刘武周便取而代之,自称太守,并且依附突厥。

李渊将主要军事力量都带至关

彬县大佛寺

大佛寺位于彬县城西10千米的泾河南岸,建于唐贞观二年(628年),距今已有1300多年的历史。原名"应福寺",是唐太宗李世民为纪念抗击薛举、薛仁杲大战(郴州浅水塬)中阵亡将士应福所建。

中,太原只留下幼子李元吉镇守。高祖武德二年,刘武周南下入寇并州(今山西太原),还引来了突厥的军队,兵力颇为强盛。李元吉见兵临城下,便派兵奋力抵抗,但并未见效。不久后刘武周攻陷太原,又相继夺得晋州(今山西晋州)、绛州,大军直指龙门。唐军大将刘弘基被敌军俘虏,后趁机逃回长安。被派往山西镇压叛军的裴寂,性格懦弱,并无将帅之才,所以节节败退。

此时的状况已十分危急,朝廷大为惊骇,于是秦王李世民亲自带兵出

张壁古堡

张壁古堡是中国现有比较完好的一座融军事、居住、生产、宗教活动为一体的、罕见的古代袖珍"城堡",它集中了夏商古文化遗址、隋唐地道、金代墓葬、元代戏台、明清民居等许多文物古迹。张壁村现存的明堡暗道始建于617年,为隋末定阳可汗刘武周抗击李世民所建,地道全长万米,纵横交错,立体交叉,具有监视、指挥、通信、通水、通气设施及马厩、粮仓、屯兵等功能。被国内外军事权威誉为独一无二。

击。正值寒冬腊月,唐军索性从龙门沿着坚冰渡过黄河,在柏壁(今山西新绛西南)屯兵,与刘武周属将宋金刚大军相对峙,并用计大败敌军。武德三年(620年),李世民率领的唐军乘胜追击,一昼夜行军200余里,大战数十回合,连败刘武周军队。刘武周十分惊惧,放弃了太原逃往突厥,刘武周夺取的州县又重新为唐朝所有。

攻占洛阳

隋大业十三年(617年),李渊在晋阳起兵之初,曾与李密有频繁的联络,但李密傲慢自大,不把李渊放在眼中。李渊便将计就计,让李密安心攻占洛阳,牵制隋军。于是在此时,隋代王杨侑留守的西都长安,越王杨侗镇守的东都洛阳,都面临着强劲的对手。最终,长安被李渊很快攻陷,但是李密进攻洛阳的军队却陷入了胶着状态。

次年,隋炀帝被杀后,派遣到洛阳支援的王世充扶持越王称帝,实际上自己在洛阳城中已掌握最高权力。宇文化及在隋炀帝死后立刻率军北上,意图解洛阳瓦岗军之围,但两军旗鼓相当,虽然最后李密率领的瓦岗军打败了宇文化及,自己却也损失惨重,从此一蹶不振。王世充坐收渔翁之利,剿灭了瓦岗军余部。武德二年(619年),王世充在洛阳称帝,国号为郑。

在长安称帝的李渊当然不能放任王世充不管,洛阳自隋炀帝以来,便成为全国的政治中心,所以其政治地位及象征意义自不待言。武德三年(620年),李世民在山西剿灭刘武周势力后,便直接率军东进,目标便是洛阳。李世民将大军分为多路,以对洛阳形成合围之势,同时也切断了王世充的粮草运送通道。主力军队驻扎在洛阳以北的邙山,与王世充城中大军南北对峙。

此时在河北还有一支强大的军事力量——窦建德起义军,在唐军和王世充之间,窦建德的态度模棱两可,他也想效仿之前的王世充,坐山观虎斗。武德四年(621年),窦建德决定派兵支援洛阳,带军队10余万人南下,号称大军30万。李世民预感到有腹背受敌的危险,于是对军队做了新的部署,留下一部分军队继续围困洛阳,自己领兵前往虎牢关(位于今河南荥阳西北),主动出击,迎战窦建德军。虎牢关位于洛阳东部,是洛阳重要门户,若窦建德突破此关与王世充大军会合,则唐军危在旦夕。

就在虎牢关附近,窦建德军队与唐军发生了多次正面交锋,唐军处于上风。李世民抓住时机,大举进攻,敌方溃不成军,丢盔弃甲而逃,窦建德也坠马被擒。王世充听闻窦建德大败,于是打开城门,向李世民投降。洛阳城被唐军占领,河北、河南也就此平定。

晋祠公园内的李世民与文武大臣群像
李世民与群臣的青铜雕像,2003年纪念太原建城2500年时所建,位于中间位置的是李世民,其余人物有长孙无忌、徐茂公、秦琼、尉迟恭和程咬金。

626年

（武德九年六月）庚申，世民帅长孙无忌等入，伏兵于玄武门。……建成、元吉至临湖殿，觉变，即跋马东归宫府。世民从而呼之，元吉张弓射世民，再三不毂，世民射建成，杀之。

——《资治通鉴》卷一百九十一《唐纪》

玄武门之变

历史总是惊人地相似，正如隋初杨广夺太子之位一样，唐朝建立才九年，李建成、李世民兄弟便兵戎相见。在朝野内外广受支持的李世民，在宫城北门——玄武门内，杀害了兄长李建成，成为新的东宫太子，两个月后又顺利登上皇位。

时间

626年

地点

长安皇宫北城门——玄武门

敌对双方

秦王李世民；太子李建成、齐王李元吉

争夺目标

太子之位

结果

李建成、李元吉被杀，李世民成为皇太子，李渊退位

唐太宗立像

唐太宗李世民（598年—649年），祖籍陇西成纪（今甘肃天水秦安北），生于陕西武功县。李世民是一位有作为的政治家和军事家，在反隋建唐的斗争中起着领导作用，唐太宗玄武门之变的胜利，在客观上对唐初社会历史的发展起着积极作用。

兄弟反目

据史书记载，李渊当初在晋阳起兵时，因为次子李世民出谋最多，所以对他说："如果起兵事成，那便都是你的功劳，我会立你为太子。"现在已无从得知李渊此言是真是假，因为他称帝后并未兑现自己的诺言，而是按照传统册立长子李建成为太子。

从太原起兵到长安称帝，以至后来征服刘武周、窦建德等割据势力，无不是李世民带兵东征西讨，说他是建唐的最大功臣也不为过。所以当李世民屡立奇功之时，太子李建成当然坐立难安。太子中允王珪、洗马魏徵对李建成说："秦王功盖天下，朝廷内外无不归心于他。殿下您不过是因为年长，所以能居东宫太子之位，若没有大的功

业,又怎能威震海内。"他们建议太子向皇帝主动请缨,讨伐窦建德余部刘黑闼。最终李建成也成功平定了刘黑闼政权,但这并未改变李世民声名如日中天的事实。李渊幼子李元吉,因为太原失守,所以早已不被重视,后来虽然跟随李世民攻打王世充,但自己的地位依然远远不及二哥。于是,他便投入长兄李建成手下,二人的目标是一致的——除掉李世民。

玄武门纪念雕塑

玄武门是隋唐京师长安城太极宫和大明宫的北门,隋唐长安城有两座玄武门,一座遗址在大明宫北面,另一座遗址在太极宫北面。唐代长安城共发生四次玄武门政变,其中一次在太极宫玄武门,三次在大明宫玄武门。

危机四伏

为了讨父亲的欢心,李建成还暗地与宫中后妃勾结,在李渊面前诋毁李世民的同时,也为自己说好话。武德四年(621年),李世民占领洛阳城后,唐高祖李渊曾派遣数名后妃前往洛阳遴选宫女,顺便收缴府库财

唐高祖李渊的儿子

唐高祖李渊有二十二个儿子,他们分别是:陇西郡公→唐王世子→皇太子→除籍→息隐王→隐太子李建成(母窦皇后);敦煌郡公→秦国公→赵国公→秦王→皇太子→太宗李世民(母窦皇后);卫怀王李玄霸(母窦皇后);姑臧郡公→齐王→除籍→海陵郡王→巢剌王李元吉(母窦皇后);楚哀王李智云(母万贵妃);赵王→荆王李元景(母莫嫔);鲁王→汉王李元昌(母孙嫔);酆悼王李元亨(母尹德妃);周王李元方(母张婕妤);郑王→徐康王李元礼(母郭婕妤);宋王→徐王→韩王李元嘉(母宇文昭仪);荆王→彭思王李元则(母王才人);藤王→郑惠王李元懿(母张宝林);蜀王→吴王→霍王李元轨(母张美人);豳王→虢庄王李凤(母杨美人);汉王→陈王→道孝王李元庆(母刘婕妤);邓王→邓康王李元裕(母崔嫔);谯王→舒王李元名(母小杨嫔);魏王→燕王→鲁王李灵夔(母宇文昭仪);许王→江安王李元祥(母杨嫔);密贞王李元晓(母鲁才人);滕王李元婴(母柳宝林)。

物珍宝。有的贵妃便私下向李世民索要财宝,并且为自己的亲属谋求官职。李世民断然拒绝,义正词严地说:"众项宝物都已经列入清单上奏,而任用官员要看才能与功绩。"后妃们由此便愤恨秦王李世民,经常在李渊面前捏造是非,疏离父子关系。

武德九年(626年)六月的一天夜里,太子李建成邀请李世民到自己宫中饮酒,酒过三巡,世民突然身体不适,吐血数升,有人怀疑李建成在酒中下毒。淮安王李神通扶着李世民回到西宫住处,李渊听闻此事,亲自到西宫探望李世民,并对李建成说:"秦王素来不能饮酒,从此以后不要再夜饮。"李渊看出来两个儿子已然不能相容,若长此以往,必定会产生纷争,于是打算将李世民派往东都洛阳,镇守东方。李建成、李元吉相互商议说,如果让李世民前往洛阳,土地广阔,兵士强盛,如此一来便难以收拾。便暗地里命朝廷重臣上书对此事表示反对,同时让宫中近臣说服李渊,这件事才最终作罢。

总的来说,李渊在对待三个孩子之间的明争暗斗上,始终保持着一种暧昧的态度。他明知次子李世民功勋卓著,完全可以胜任自己的接班人,成为唐朝第二任皇帝。但李渊依然不愿轻易废掉长子李建成,他曾语重心长地对李世民言道:"首创晋阳起兵的计谋,削平海内,这些都是你的功劳。我曾经也想立你为太子,但遭到你坚决推辞。现在你的兄长建成已经年长,当太子也很久了,我实在不忍心废掉他。"李渊表现出的完全是一副无奈的表情,但事实真是如此吗?或许李渊的真正想法是让

两个儿子互相牵制，以免威胁自己的皇位。

宫门喋血

李建成毒杀秦王未遂后，李世民清楚地知道已经到了决一雌雄的时刻。六月三日晚，李世民向父亲李渊密奏，说李建成、李元吉私通后宫，淫乱后妃，并且还想要杀死自己。李渊听后十分惊愕，下诏让兄弟三人第二天一早进宫接受问询。四日清晨，李世民率长孙无忌等人，带领亲兵埋伏在皇宫北门玄武门内。李建成、李元吉进入宫门后，察觉有变，随即勒马回转东宫，但为时已晚。李世民带兵从后面紧追不舍，李元吉回身拉弓射李世民，三次皆不中，而李世民一箭便射中李建成，杀于马下。尉迟敬德此时也带领七十骑兵赶到，李元吉被射中，立即坠马，又想逃跑，被尉迟敬德追上杀死。

玄武门内已经喋血宫门前，而与此同时，李渊还在园林中的海池泛舟。李世民派尉迟敬德带兵进入宫中，直至皇帝所在。李渊见此大惊，说："今天作乱的是谁？你来到这里又是什么意思？"可见李渊早有心理准备，最后众人都接受了李建成、李元吉作乱，李世民将之剿灭的说法。几日之后，李世民被册立为皇太子，大小军政之事，皆由太子处决，李渊不复问政。

十八学士图卷
宋刘松年绘。唐太宗在做秦王时建"文学馆"，收聘贤才，以杜如晦、房玄龄、于志宁、苏世长、姚思廉、薛收、褚亮、陆德明、孔颖达、李玄道、李守素、虞世南、蔡允恭、颜相时、许敬宗、薛元敬、盖文达、苏勖十八人并为学士。

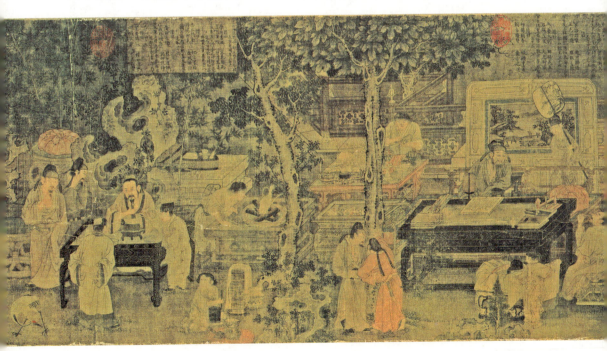

凌烟阁二十四功臣

凌烟阁是位于唐长安城太极宫西南三清殿旁的小楼。

唐朝贞观十七年二月廿八日戊申（643年3月23日），唐太宗"为人君者，驱驾英材，推心待士"，为怀念当初一同打天下的诸多功臣，命阎立本在凌烟阁内描绘了二十四位功臣的画像，是为《二十四功臣图》，比例皆真人大小，画像均面北而立，太宗时常前往怀旧。

阁中分为三层：最内一层所画为功勋最高的宰辅之臣；中间一层所画为功高王侯之臣；最外一层所画则为其他功臣。这二十四位功臣包括房玄龄、杜如晦、长孙无忌、魏徵、尉迟敬德、李孝恭、高士廉、李靖、萧瑀、段志玄、刘弘基、屈突通、殷开山、柴绍、长孙顺德、张亮、侯君集、张公谨、程知节、虞世南、刘政会、唐俭、李世勣和秦叔宝二十四人。但值得一提的是，事实上，太宗以后的皇帝有不少还是又陆陆续续将功臣绘入凌烟阁，以致最后共有一百多人入阁；甚至也有

像程元振、鱼朝恩这样的宦官入阁。

当时李世民已经垂垂老矣,开国功臣大多凋零,看着当年老部下的图像,总在不知不觉间,潸然泪下。贞观十八年(644年),太宗对于诸多大臣有些评语:"长孙无忌善避嫌疑,应物敏速,决断事理,古人不过;而总兵攻战非其所长。高士廉涉猎古今,心术明达,临难不改节,当官无朋党;所乏者骨鲠规谏。唐俭言辞辩捷,善和解人;事朕三十年,遂无言及于献替。杨师道性行纯和,自无愆违;而情实怯懦,缓急不可得力。岑文本性质敦厚,文章华赡;而恃论恒据经远,自当不负于物。刘洎性最坚贞,有利益;然其意尚然诺,私于朋友。马周见事敏速,性甚贞正,论量人物,直道而言,朕比任使,多能称意。"

"于今名将惟李世勣、李道宗、薛万彻三人而已,世勣、道宗不能大胜,亦不能大败,万彻非大胜则大败。"

凌烟阁二十四功臣图

618年—648年

> 房、杜二公，皆以命世之才，遭逢明主，谋猷允协，以致升平。议者以比汉之萧、曹，信矣。……盖房知杜之能断大事，杜知房之善建嘉谋，禆谌草创，东里润色，相须而成，俾无悔事。
>
> ——《旧唐书》卷六十六《房玄龄杜如晦传论》

房谋杜断

汉代初期有两位著名的丞相——萧何、曹参，在历史上留下了"萧规曹随"的典故，说的是萧何创制，曹参守业。唐代也有两位宰相，房玄龄和杜如晦，人称"房谋杜断"，则说的是前者出谋，后者决断。

主角
房玄龄、杜如晦

职业
尚书左仆射（宰相）、尚书右仆射（宰相）

擅长
房玄龄：善出计谋
杜如晦：善于决断

主要工作
定典章制度、朝政大事

影响
奠定了贞观之治的局面

成语典故
房谋杜断（比喻能人之间的合作）

辅佐秦王

房玄龄（579年—648年），字乔松，齐州临淄（今山东淄博）人。他从小聪明敏捷，博览经史书籍，善书法，长于草书和隶书，并且文章写得好。李渊起兵晋阳这一年，房玄龄39岁。李世民带领大军入关后，沿渭河北岸行进，并在此时与房玄龄相识，又经过温彦博的举荐，二人一见如故，相谈甚欢。此后，在李世民征战的过程中，房玄龄尽心竭力辅佐，帮秦王搜罗人才，充实到幕府之中。

房玄龄为李世民举荐的人才中，就有后来的唐朝宰相杜如晦。李世民帮助父亲

房玄龄像
房玄龄（579年—648年），名乔，字玄龄，今山东淄博人，唐初大臣。隋开皇时进士。为隰州尉，唐兵入关中，归李世民，任秦王府记室。唐高祖武德中，与长孙无忌等策划玄武门之变。太宗贞观元年为中书令，封邢国公，后任尚书右仆射，改魏国公，监修国史，徙梁国公，进司空。房玄龄居相位十五年，与杜如晦共掌朝政，世称"房谋杜断"。受诏重撰《晋史》。

李渊平定长安后,原来在隋朝任官的杜如晦被吸纳进秦王幕府,但是并未受重视。刚开始杜如晦在王府中任兵曹参军,后来李世民的属官中,很多要被调任到外地,杜如晦也名列其中。房玄龄对李世民说:"王府僚属中离开的虽然多,但是都不足为惜。杜如晦此人聪敏识大体,是能够辅佐君王的人才。大王您如果要坚守一隅之地,那他没什么用。但是您若要经营天下,没有杜如晦则大事难成。"李世民大惊道:"你不说的话,我差点就失去这个人才了!"于是向李渊上奏,将杜如晦列入秦王僚属。

之所以有"房谋杜断"的美称,是因为房玄龄善于谋略,杜如晦则深有决断。房玄龄在李世民登基之前,于秦王府十余年,一直执掌重要的文书和机密文件,每当有军事文书上奏,房玄龄总能在马上立即写成,而且文字简约,内涵丰富,不打草稿。李渊曾对朝廷群臣称赞说:"房玄龄深识大体,足以委托重任。每次为我儿陈奏事情,总能深入人心,就算在千里之外,也好像对面耳语。"

杜如晦在成为秦王幕僚核心人物后,便一直跟随李世民南征北战。征讨薛仁杲、刘武周、王世充、窦建德的战役中,杜如晦都出谋划策,并且运筹帷幄。当时天下尚未平定,经常有军事之事需要决断,杜如晦总能剖断如流,深为当时人所折服。后来李世民被封为天策上将,建立天策府,杜如晦被任为从

杜如晦像
杜如晦(585年—630年),字克明,京兆杜陵(今陕西西安东南)人。唐初大臣。从李世民征伐,历官秦王府兵曹参军、文学馆学士,世民立为太子,授右庶子,迁兵部尚书,进封蔡国公。太宗贞观二年吏部尚书,三年进右仆射,与房玄龄共掌朝政,世称良相"房杜"。

事中郎,十八位有功之人的画像中,杜如晦居其首。房、杜二人,俨然已经成为李世民的左膀右臂。李世民在建立唐朝的过程中功勋卓著,除了秦王自己的才能之外,靠的是幕僚中的一众谋士和武将,其中有的还深受李渊器重。太子李建成对此深为嫉恨,他对齐王李元吉说:"在秦王府中的众多僚属中,最应该忌惮的是杜如晦和房玄龄。"因此他在李渊面前诋毁二人,房、杜也逐渐被唐高祖疏远。

当李建成和李世民的矛盾达到白热化阶段时,房玄龄便明确主张要先下手为强。他对长孙无忌说:"现在两位皇子的嫌隙已经公开化,祸端一触即

唐·石雕犀牛

在西安碑林博物馆石刻艺术室的中厅里,坐北朝南陈列着一尊大型造像,这就是献陵石犀。献陵是唐代开国皇帝李渊的陵寝,位于陕西三原。这尊石犀作为献陵的镇墓兽,雕刻于唐太宗贞观九年(635年),长337厘米,高238厘米,宽115厘米。于1960年入藏陕西省博物馆,即今西安碑林博物馆。

发。现在天下人心汹汹，各怀异志。万一太子先发动叛乱，恐怕会天下大乱，祸及苍生社稷。我有愚见，不如效仿周公，外安天下，内定宗族。"房玄龄说得比较隐晦，但意思很明确。于是便与李世民、长孙无忌定下策略，准备发动政变，房玄龄与杜如晦勠力同心，促成此事。

房谋杜断

成功发动玄武门之变后，李世民成为皇太子，房玄龄被任为太子左庶子，杜如晦任太子右庶子。待到即皇帝位，贞观元年（627年）论功行赏，李世民将长孙无忌、房玄龄、杜如晦、尉迟敬德、侯君集五人列为第一功臣。淮安王李神通对此颇有异议，他说："当初刚起兵时，我最先率兵到达，现在定房玄龄、杜如晦这些文臣功居第一，臣不服。"李世民这样回答："房玄龄、杜如晦运筹帷幄，出谋划策，有平定社稷之功。叔父你虽然率兵先至，但是并未亲自上阵杀敌。刘黑闼叛乱之时，你更是望风而逃。"

贞观三年（629年），杜如晦被任命为尚书右仆射。贞观四年（630年），房玄龄成为尚书左仆射，晋封为魏国公。这两年间二人共掌朝政，不论是朝廷机构的设置，还是拟定国家规章制度，都是房、杜所定，在当时获得了极高的赞誉。每当他们二人与唐太宗讨论政事时，房玄龄总是说："非杜如晦而不能决断。"可见他对杜之重视，然而当杜到来之后，又极力采纳房玄龄的计谋，这才有了"房谋杜断"的说法。房、杜两人之间极为了解，所以能够相互默契配合，以此更好地辅佐唐太宗。

然而天不假年，杜如晦在贞观三年冬天突患疾病，到四年病情加重，无奈只能卸官归家养疾。最后还是在此年病逝，年仅四十六岁。房玄龄则与长孙无忌等辅佐太宗李世民，鞠躬尽瘁，直至贞观二十二年（648年）逝世。

唐·昭陵六骏之飒露紫

昭陵六骏之一的"飒露紫"是李世民东征洛阳，铲平王世充势力时的坐骑，列于陵园祭坛西侧首位，前胸中一箭。飒露紫为立姿，前面的武士是李世民部下大将丘行恭正在拔箭。用突厥汗国的荣誉性称号和高级官号来称唐太宗的坐骑，既符合对突厥汗国"勇健者"的赞颂，又能表达唐太宗李世民初唐征战疆场的丰功伟绩，体现了唐太宗对突厥"沙钵略""始波罗"者的敬佩之情。

> 580年—643年

虽汉之刘向、魏之徐邈、晋之山涛、宋之谢朏，才则才矣，比文贞之雅道，不有遗行乎！前代诤臣，一人而已。

——《旧唐书》卷七十一《魏徵传》

犯颜直谏的魏徵

贞观诸臣中，有一位以善于谏言著称的，便是魏徵。为了国家安危、社稷苍生，即使皇帝龙颜大怒，他依然直言极谏，不顾自身安危，更险些因此丢掉性命。史书中对魏徵的评价是这样的："前代诤臣，一人而已。"

主角
魏徵

职业
宰相

性格
直谏敢言

名作
《谏太宗十思疏》

纵横奇谋

魏徵（580年—643年），字玄成，巨鹿曲城（今河北馆陶县）人。魏徵年少时孤苦贫困，虽然落拓但胸怀大志，不从事农业生产，出家当了道士。他喜好读书，博通古今，见到天下逐渐散乱，所以对"纵横"的学问尤其中意。

大业末年，魏徵随元宝藏的起义军加入李密军中，李密每次见到元宝藏的上疏，都会赞赏称奇，随后又听说这都是魏徵所为，故而赶紧召见。魏徵向李密进谏了10条策略，李密虽然认为很奇特，但是并未实际应用。李密军中的长史郑颋更说只是老生常谈，魏徵愤懑不已，说："此乃奇谋上策，怎么能说是常谈！"随即拂袖而去。

魏徵像
魏徵（580年—643年），字玄成，生于巨鹿郡（今河北巨鹿，一说在今河北馆陶），唐朝政治家、思想家、文学家和史学家。历官隋武阳郡丞、唐太子洗马、谏议大夫，迁秘书监，参与朝政，受诏总撰定《周书》《隋书》，时称良史，进左光禄大夫，封郑国公，素有胆识，每犯颜规谏，拜太子太师。

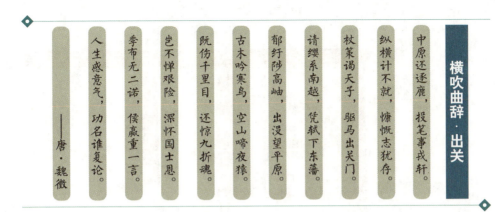

横吹曲辞·出关

中原还逐鹿，投笔事戎轩。
纵横计不就，慷慨志犹存。
杖策谒天子，驱马出关门。
请缨系南越，凭轼下东藩。
郁纡陟高岫，出没望平原。
古木吟寒鸟，空山啼夜猿。
既伤千里目，还惊九折魂。
岂不惮艰险，深怀国士恩。
季布无二诺，侯嬴重一言。
人生感意气，功名谁复论。

——唐·魏徵

　　李密起义军失败后，魏徵辗转又入河北义军窦建德帐下，窦建德军败被擒后，便随裴矩入关到了长安。太子李建成听过魏徵的大名，将其引为太子洗马，以礼待之。李建成与秦王李世民关系僵化时，魏徵极力建议李建成提早下手，但最终还是失败了。李世民让人找来魏徵，问他说："你为何要离间我们亲兄弟？"魏徵这样回答："如果皇太子早日听从我的建议，肯定不会有今日的灾祸。"李世民听闻此言，非但没有生气，反而更加器重魏徵，把他任命为詹士主簿。魏徵一心为国，所以也不计前嫌，效忠新主。

直言极谏

　　李世民即位后，擢升魏徵为谏议大夫。太宗励精图治，积极探索为政之道，数次将魏徵叫到自己的卧室，询问政事得失。魏徵有经世治国之才，但是性格耿直，从不屈曲隐晦。太宗与其交谈，对于魏徵所言从来都是欣然接受。

　　魏徵也为遇见一位知己的君主而感到欣慰，所以殚精竭虑，知无不言。唐太宗曾语重心长地对魏徵说："爱卿你所谏奏的事情，前后加起来都有二百余件了，若非你一心一意为了国家，怎么会做到这种程度！"

　　一次太宗临幸九成宫，后妃们向他说了一件事，让李世民愤怒不已。宫中有宫人（太监）出京办事，回京的途中夜里留宿在漳川县的驿站中，随后在外地出差的唐朝大将李靖及侍中王珪正好到了。因为房间不够用，所以驿馆中的工作人员便将宫人移到其他住所，而让李靖等住在此处。李世民听闻后，认为这是对自己的大不敬，他怒斥道："李靖等人作威作福，竟然都敢轻视我的宫中之人！"便立即让有关部门立案调查，问询漳川县的官员及李靖等人。魏徵这时上谏说："李靖等人，是您的肱骨大臣，他们出差是访问民间疾苦，所以地方官吏自当谒见他们。至于宫人，只不过是为皇后打扫卫生的下人，驿站除了供应事物外，没有理由参拜奉

唐太宗主明臣直

出自16世纪《帝鉴图说》。唐史上记,太宗曾一日朝罢还宫,忽发怒说:"少间定要杀了这个田舍翁。"时长孙皇后问说:"陛下要杀谁?"太宗说:"是魏徵,此人不知忌讳,每每当着众臣像攻击我的过失,羞辱我,我十分忍受不得,所以要杀他。"长孙皇后贤德,知道魏徵是个忠臣,乃退去,穿了朝贺的袍服,来对太宗说:"妾闻古云,上有明哲之君,则下有鲠直之臣,今魏徵之直言不阿,由陛下之圣明,能优容之故也,君明臣直,乃千载难逢,国家盛事,妾敢不称贺。"太宗闻皇后之言,其心乃悦。

承。若因为此事怪罪地方官吏，恐怕对您的名声不好。"李世民听后沉思良久，然后感叹道："你说得是啊！"于是才没有怪罪地方官，也不再过问李靖等人。

唐太宗李世民对魏徵极为看中，曾亲手书写诏书称赞魏徵，对其很优厚。一次对长孙无忌说："我即位之初，有人上书这么说：'君主应当独握威权，不能将权力委任给臣下。'更有人想要对周边国家耀武扬威，震慑四方。唯有魏徵劝我要偃武兴文，布施德政，如果中国安定，其他国家自然服从。我听从了他的建议，天下从而安定。远方的少数民族君主，都来朝贡，国家之间相互交流频繁。这些都是魏徵的功劳啊！"

太宗曾经嫌上书谏事的人太多，很多都不近事实，所以想要加以斥责。魏徵上奏说："古人有立诽谤之木的先例，为的就是让别人提出自己的过失。现在大臣们上书谏事，也是谤木之类的行为。陛下您要想知道自己执政的得失，只能通过臣下的陈奏。如果他们说得很中肯，那肯定有利于陛下。如若言不由衷，对于国家也没有什么损失。"李世民听完后，回答道："此言甚是啊！"并将魏徵犒劳了一番，才送他回去。

贞观十二年（638年），皇孙诞生，李世民欣喜不已，因此赐宴群臣。李世民对出席宴会的群臣说："贞观之前，朕还未登基，那时跟随我平定天下，历经艰险，房玄龄的功劳最大，无人可比。贞观之后，尽心竭力对我，荐忠纳贤，安国利民，甚至不惜犯颜直谏，匡正我的不当之处，只有魏徵一人而已。从古至今的名臣，哪有在他们之上的！"于是太宗亲自解下腰中的佩刀，赠送给房玄龄和魏徵二人。

魏徵相貌并不出众，但是素来有胆识智慧，每次犯颜直谏时，虽然碰上皇帝非常震怒，他也神色丝毫不改。古来忠臣直士，魏徵可称得上直言极谏第一人。

唐太宗敬贤怀鹞

出自16世纪《帝鉴图说》。唐史上记，太宗一日得个极好的鹞子，心上喜爱，亲自在臂膀上驾着，魏徵平日好直言极谏，太宗尝敬惮他。当驾着鹞子的时节，恰好魏徵来奏事，太宗恐怕他看见，将鹞子藏在自己怀里，魏徵晓得太宗怀里藏着鹞子，故意只管奏事不止，那鹞子藏的时间久了，竟死于怀中。夫太宗尊为天子，偶有臂鹞之失，见了正直的臣，便惭沮掩蔽，如害怕的一般。

627年—649年

(贞观四年，630年) 天下大稔，流散者咸归乡里，米斗不过三四钱，终岁断死刑才二十九人。东至于海，南极五岭，皆外户不闭，行旅不赍粮，取给于道路焉。

——《资治通鉴》卷一百九十三《唐纪》

贞观之治

唐朝第二任皇帝唐太宗李世民，虽然和隋炀帝一样，都是通过非正常手段登上帝位，但太宗将炀帝引以为前车之鉴，励精图治，从谏如流，终使唐王朝迎来第一个辉煌时期，史称"贞观之治"。

时间
627年—649年

缔造者
李世民

原因
大臣勇于直谏，君主从谏如流

影响
为开元盛世奠定了重要的基础，将中国传统农业社会推向鼎盛时期

贞观之治，是指唐太宗贞观年间（627年—649年）在政治、经济、军事、民生等领域所取得的辉煌成就。由于太宗知人善用、虚心纳谏，房玄龄、魏徵等大臣鞠躬尽瘁，使得政治清明，国家实力蒸蒸日上。唐人吴兢在《贞观政要》一书中详细记载了此时期君臣之间关于治国、行政、修身等各方面的讨论，使得"贞观之治"成为后世君主所憧憬的对象。

唐太宗与前代的隋炀帝有着极为相似的经历，都是次子，所以最初并非为国之太子，最后

大唐不夜城贞观纪念碑
贞观纪念碑是不夜城的地标性雕塑，由李世民骑马像及周围的附属雕塑组成：中间，李世民威武端跨高头大马之上，抖缰绳欲勒马前行，意气风发；四周，号手、旗手各半的24人仪仗队、鼓手2人及文臣武将各3人紧密相随。碑体正面雕刻"贞观之治"四字，背面为《贞观政要》名录数百字。

通过政变，弑杀兄长，夺得东宫之位，从而走上皇帝的宝座。太宗李世民也很清楚地认识到这一点，他在极力吸取隋炀帝的教训。善于总结历史的经验与教训，这是唐太宗为政的基点。他曾对群臣说："以古为镜，可以知兴替。"所以不仅是隋朝灭亡及炀帝死于非命的教训，上至桀纣，下讫魏晋，但凡是可以借鉴的朝代和人物，李世民都竭力汲取经验，同时接受教训，避免重蹈历史覆辙。贞观六年（632年），他对侍臣言道："我知道像桀、纣这些无道君王，即使以普通人来相比，他们也自取其辱；而像颜渊、闵子骞这些前代圣贤，即使帝王与其相较，也是他们更加荣耀。这同时也是君王深以为耻的地方。我每每都以此事为鉴戒，时常害怕力有未逮，被别人嘲笑。"

贞观之治之所以能形成，至关重要的是大臣勇于上谏，君主也纳谏如流。唐太宗求谏之心是非常急切的，但是他身为君主，自有其威严与气势，这有时让上朝的百官都紧张一场，甚至手足无措。太宗知道此事后，在每次有人奏事时，便表现得和颜悦色。同时，他不仅能够容纳措辞严厉的谏言，还引导大臣们对自己的言行进行批评。贞观初年，唐太宗对百官说："人若要照自己，必须通过明镜。君主想知道过失，必须通过忠臣。"

唐太宗灵州会盟雕塑

唐太宗贞观二十年（646年），唐军在贺兰山北打败侵扰边境的突厥。突厥、回纥等十一部纷纷朝贡唐朝，以示臣服。唐太宗慨然应允，诏令各部遣使到灵州会盟。盟会上唐太宗被尊为"天可汗"。灵州会盟后，西北各民族与唐王朝之关系日益融洽，宁夏人民得以休养生息，农牧业迅速发展。对稳定唐代边疆安定，维护民族团结产生了深远的影响。

除此之外，太宗还能够知人善任，选贤用能，正是在长孙无忌、房玄龄、杜如晦、魏徵、姚思廉等大臣的协助下，唐太宗才能使得唐王朝走向鼎盛。长孙无忌是李世民早期最重要的助手，从晋阳起兵后便一直跟随，又协助李世民发动玄武门之变，登上帝位。房玄龄在贞观年间担任宰相，国政方针多出自其手，并且能起用贤才，杜如晦便是房玄龄在秦王府时期所发现的人才。王珪、魏徵都以忠心直谏闻名，特别是魏徵，更是敢"犯颜直谏"，所以也被太宗认为是贞观时期最重要的栋梁之臣。

641年

（贞观十五年春正月）丁丑，命礼部尚书江夏王道宗持节送文成公主于吐蕃。赞普大喜，见道宗，尽子婿礼。慕中国衣服、仪卫之美，为公主别筑城郭宫室而处之，自服纨绮以见公主。

——《资治通鉴》卷一百九十六《唐纪》

文成公主入藏

在中原与青藏地区的交流史上，文成公主入藏可以说是一座里程碑。文成公主铺就了通往高原的无形"天路"，让身处边疆高原的吐蕃政权得以与中原王朝进行交流，青藏地区的经济、文化事业因此得到长足发展。

时间

641年

主角

文成公主

背景

吐蕃松赞干布崛起，向唐求亲，为边境安宁，唐太宗同意

影响

促进民族团结，发展藏地经济

吐蕃崛起

大约2000年前，在今天的青藏、四川地区，有一个古代的民族——羌族在这里游离不定，逐水草而居。到了五六世纪，西藏的高原上逐渐形成了羌族的部落政权，这便是吐蕃。吐蕃的部落首领被称为"赞普"，意思是雄壮的男人，后来吐蕃由部落酋长制发展到君主制后，"赞普"又成为君长的称号沿袭下来。就这样吐蕃赞普一代代传承着，伴随着经济社会发展的还有动乱、兼并，以及扩张领土，吐蕃由此开始强盛起来。

7世纪初，吐蕃赞普论赞弄囊消灭了西藏高原上的另一个强劲的对手苏毗，也因此得到了"朗日论赞"的尊号，他便是松赞干布的父亲。

松赞干布唐卡
此幅主尊绘藏王松赞干布像，游戏姿势坐于雄伟壮丽的汉式宫殿（代表布达拉宫）内，头戴花冠，头顶束高发髻，面相英俊，神态威严，身着长袍，足穿高靴，右手当胸结说法印，左手置左膝托法轮。主尊左右为其两妃子，分别是尼泊尔尺尊公主和唐朝的文成公主，其外两侧又各有三尊罗汉形象造像。

唐·阎立本·步辇图卷
图卷右半是在宫女簇拥下坐在步辇中的唐太宗,左侧三人前为典礼官,中为禄东赞,后为通译者。唐太宗的形象是全图焦点。阎立本煞费苦心地加以生动细致的刻画,画中的唐太宗面目俊朗,目光深邃,神情庄重,充分展露出盛唐一代明君的风范与威仪。

贞观三年(629年),年仅12岁的弃宗弄赞继承吐蕃赞普之位,此时的吐蕃贵族中有意图造反者,在大臣们的协助下,弃宗弄赞除掉了有异心的旧贵族,保证了吐蕃内部的稳定与团结。由于他年少时即端庄肃穆,性格沉稳,所以得到"松赞干布"的称号,意为端庄尊贵、深邃沉稳。

屡请和亲

此时的吐蕃日益强大,松赞干布也开始着手统一西藏高原,与此同时,他也与周边国家展开外交。贞观十二年(638年),松赞干布向喜马拉雅山南部的泥波罗(今尼泊尔)求婚,并娶得泥波罗的尺尊公主。在此之前,唐太宗贞观八年(634年),松赞干布也曾向唐王朝求婚,但未得到允许。

因为唐朝曾将公主下嫁到突厥和吐谷浑,吐蕃觉得自己也应当受到同样的待遇,所以松赞干布派遣使者到中原,请求与唐王朝联姻,但被拒绝。吐蕃使者未完成使命,心有不甘,便编造理由对弃宗弄赞说:"我刚到唐朝时,唐王待我非常厚道,并且许诺将公主下嫁到吐蕃。但是恰逢吐谷浑也出使唐朝,并且离间我们吐蕃和唐朝,这才使得联姻出现问题。"松赞干布听闻此言,极为愤怒,便发兵出击吐谷浑,占领了大部分的领土，将吐谷浑赶到青海湖以北。同时吐蕃也有意向唐朝示威，又转而发兵唐朝西南领土，进攻松州（今四川松潘）。最后虽然被唐太宗派来的重兵击败，但是仍达到了耀武扬威的效果。

贞观十四年（640年），松赞干布派遣使者禄东赞出使唐朝，并且朝见了唐太宗，再次请求迎娶唐朝公主，态度极其诚恳与殷切，在取得了太宗的信任后，和亲的请求也得到唐朝皇帝的首肯，唐朝愿意让文成公主下嫁吐蕃赞普松赞干布。吐蕃使者禄东赞在和亲一事中起到了关键的作用，他能言善道，深受唐太宗的喜爱。太宗甚至决定将琅琊公主的外孙女段氏嫁给禄东赞，但被禄东赞拒绝了，他说："臣下我在吐蕃国中原本有家室，是父母所聘娶的，所以不敢放弃。况且现在赞普都还未娶得公主，身为陪臣的我怎敢先娶呢！"唐太宗因为此事更加看重禄东赞。

珠联璧合

贞观十五年（641年）正月，经过几个月的准备后，以礼部尚书江夏王李道宗为护送使者的送亲队伍启程了。因为要进入高原地区，照顾到文成公主的身体，所以浩大的送亲队伍先在吐谷浑境内休整，一个多月后才继续出发。这时吐蕃赞普松赞干布已经在边界处等候，亲自迎接远道而来的唐朝公主。松赞干布和文成公主的婚礼在吐蕃首都逻些（今西藏拉萨）隆重举行，场面热闹非凡。松赞干布非常谦逊、热情，他不仅在唐朝使者李道宗面前自称女婿，而且因为文成公主不喜欢吐蕃人以赭土涂抹面部，便下令禁止此项风俗。

文成公主嫁入吐蕃，随之而来的还有大量的随从人员，其中既有照顾饮食起居的侍从，同时还有掌握着各项技术的专业工匠，他们将当时的农业、手工业技术传播到了吐蕃。文成公主结婚之后，积极地向当地民众传授纺织、

文成公主像
文成公主本是唐室远支宗室女，奉唐太宗之命和亲吐蕃。松赞干布非常喜欢贤淑多才的文成公主，专门为公主修筑了布达拉宫。布达拉宫共有1000间宫室，富丽壮观。但后来毁于雷电、战火。经过17世纪的两次扩建，形成现今的规模。布达拉宫主楼13层，高117米，占地面积36万余平方米，气势磅礴。

刺绣等技能,并且传播儒家文化,将吐蕃的贵族子弟派遣到唐朝学习文化知识。

松赞干布也在吐蕃的政治事务中学习唐朝先进的制度,聘请中原人士参与到吐蕃政治、经济建设中。他参照唐朝的官僚制度和军事制度,构建起吐蕃自己的政治军事体系,从中央到地方从此井然有序。并且以此为契机,逐渐消灭了青藏地区的多个部落,如苏毗、多弥、党项等。

吐蕃赞普松赞干布与文成公主的结合,将唐王朝与吐蕃王国紧密联结起来,加强了政治、经济、文化各方面的交流,同时促进了吐蕃国家和社会的发展。直到今天,松赞干布和文成公主的故事仍然在青藏高原上流传着。

在今日的西藏拉萨布达拉宫内,仍然供奉着松赞干布和文成公主的塑像。

文成公主入藏弘佛图
现代尼玛泽仁绘。文成公主进藏携带释迦牟尼十二岁身量造像并决意在拉萨建寺驻佛。文成公主知雪域拉萨的地形俨若罗刹女仰巨人之状,应在卧圹湖上建寺镇之。公主画图献藏王松赞干布,藏王按文成公主的《镇魔图》建成大昭寺,佛教从此在雪域高原流传。这件作品描绘的便是文成公主将《镇魔图》献给松赞干布的场景。

文成公主庙
文成公主庙在青海玉树结石镇南约20千米的通天河畔。相传系唐代藏民为纪念文成公主而建。在庙堂正上方的岩壁下,浮雕有九尊巨幅佛像。莲花座正中,是一尊高约7.3米的主佛像。在主佛像的两侧,各有四尊高约4米的侍者佛像立在小莲花座上。

629年—645年

贞观初，随商人往游西域。玄奘既辩博出群，所在必为讲释论难，蕃人远近咸尊伏之。在西域十七年，经百余国……贞观十九年，归至京师。太宗见之，大悦，与之谈论。

——《旧唐书》卷一百九十一《方伎传》

玄奘西行

唐三藏西天取经的故事在中国可谓家喻户晓，而《西游记》中唐僧师徒四人降妖除魔的传奇更是妇孺皆知。虽然历史上真实的玄奘西行并没有妖魔鬼怪，但同样的也没有法力高强的孙悟空等三人保驾护航，其中的艰难困苦并不亚于"九九八十一难"。

主角

玄奘（三藏法师）

信仰

佛教

职业

僧人

主要成就

西行取佛经；
翻译经论75部，总计1335卷；
创作《大唐西域记》；
开创法相宗

后世演绎

《西游记》

榆林窟第2窟玄奘取经图壁画
此壁画位于榆林窟第2窟西壁北侧，画中身披袈裟的唐僧站在激流滚滚的岸边，双手合十，礼拜观音。他身后的孙悟空毛发披肩，头戴金箍，一手牵白马，一手举额前遥望观音，并不施礼，大为不敬之态跃然壁上，白马仅露马头。画家把猴子顽皮、机敏、野性未泯的性格特征刻画得惟妙惟肖。

决意西行

玄奘（602年—664年），俗名陈祎，法号玄奘，又被尊称为"三藏法师"。玄奘是洛州偃师（今河南偃师）人，出生于隋文帝杨坚统治的末年，祖、父都曾出任朝廷官员，并且有读书和佛学传统。玄奘幼年即受父亲和兄长的影响，在潜移默化中，对佛学也产生了浓厚的兴趣。大业末年，他出家一心修佛，广泛涉猎佛教经典，因为天资聪颖，所以很快便掌握了佛教经义。

玄奘年轻时便开始游历大江南北,访问各地的高僧大德,学习佛法。当时的长安有两位德高望重的和尚,分别是法常和僧辩,玄奘也来到长安跟随他们学习大乘佛法。这二位大德对玄奘极为赞赏,曾对他说:"你可以称得上是佛教中的千里马,待到他日你修成正果之时,必定要在我们之上,只可惜我们不能看到那一日了。"法常和僧辩的评语让玄奘名气大增,誉满京师。

佛教在东汉时期传入中国后,很快便流行开来,上至皇氏贵族,下到平民百姓,信仰佛教者与日俱增。隋唐时期佛教更是风靡全国,各地的寺院佛舍星罗棋布,但是由于中原地区与佛教发源地天竺远隔万里,加之语言障碍,虽然后秦高僧鸠摩罗什也曾翻译佛经,但此时的佛教经义仍然不甚系统,而且舛误颇多。玄奘在修习佛法的过程中深刻地意识到这一点。

玄奘暗自下决心,定要游学西方,求取《十七地论》(《瑜伽师地论》)来解除修习佛法时的困惑。于是他找到有相同志向的同伴,向唐太宗上表请求派遣西游,但被拒绝了。其他僧人都知难而退,玄奘却心有不甘。贞观

玄奘三藏像
本图描绘的是身负塞满经典典籍的笈,穿着绑腿踏着草鞋的游僧。僧人打扮的上部盖有大型的圆形笠,香炉从此处垂下。僧人脖子上戴着骷髅穿成的项链,腰上配刀,右手执拂尘,左手持经卷,举步向前。表现的是为了求法从中国越过中亚的沙漠抵达印度,并在印度各地巡游终于获得诸多经卷并将其带回中国的玄奘三藏之姿。

三年（629年），长安出现饥荒，纷乱不止，玄奘便趁机出城，踏上了西行的征程，这时他26岁。

天竺游学

出长安后，玄奘混入西行的商队中，一路到达凉州（今甘肃武威）。凉州是通往西域的重要关塞，而此时朝廷明令禁止百姓私自出塞，凉州都督李大亮知道玄奘想要通过关塞，便逼迫他返回京师长安。不过最后在河西佛教领袖惠威法师的协助下，玄奘还是秘密通过了凉州关塞。

就这样，玄奘继续踏上西行之路。在经过塔克拉玛干沙漠时，玄奘险些丧命，不过最后还是安全到达高昌国（今吐鲁番地区）。后又穿越葱岭，翻越雪山，行经中亚，历经千难万险，终于到达了天竺。玄奘由北印度一路南下，行经大小国家四十余个，足迹遍布北印度和中印度。途中他拜访佛教寺院，同时也学习、践行佛法，还曾瞻仰释迦牟尼得道处的菩提树，用了八九日礼拜圣迹。到了第十日，著名的那烂陀寺差遣四位高僧迎接远道而来的大唐僧人玄奘，玄奘便住在寺中，开始集中精

大慈恩寺和大雁塔
大慈恩寺位于唐长安城晋昌坊（今陕西西安南），是中国佛教唯识宗（又称法相宗、俱舍宗、慈恩宗）的祖庭，唐长安三大译场之一，迄今已历1350余年。大慈恩寺是唐长安城内最著名、最宏丽的佛寺，为李唐皇室敕令修建。大雁塔则为保存玄奘由天竺经丝绸之路带回长安的经卷、佛像而建，是现存最早、规模最大的唐代四方楼阁式砖塔。

力修习佛经。

在那烂陀寺学习了5年后，玄奘决定继续南下游历，在南印度各处拜访寺庙和高僧，修习佛法。匆匆之间，6年时间又过去了，玄奘回到了那烂陀寺，这时的他已经有着深厚的佛学修养，并且在印度佛学界声名远扬。贞观十六年（642年），天竺戒日王特意为玄奘举行了一次无遮大会，汇集了全印度的高僧大德，旨在辩论佛法。在这次论辩中，玄奘舌战群僧，其对佛义深湛的领会和精辟的讲解，让众僧人深为折服。

那烂陀寺遗址
那烂陀寺始建于5世纪，7世纪时已成为全印度瞩目的大乘佛学中心。玄奘、义净等中国僧人曾留学于此。那烂陀寺规模宏大，建筑壮丽，藏书丰富。

归国译经

贞观十七年（643年），玄奘带着600余卷佛经、7尊佛像以及佛舍利百余粒，启程返回故国大唐，此时距离他开始西行，已经过去了14年。

宋刻本玄奘译《大般若波罗蜜多经》
唐贞观十九年（645年），玄奘自印度归国。此后的20年中，他把全部的心血和智慧奉献给了译经事业。在长安和洛阳两地，玄奘在助手们的帮助下，共译出佛教经论74部，1335卷，每卷万字左右，合计1335万字，占去整个唐代译经总数的一半以上，相当于中国历史上另外三大翻译家译经总数的一倍多，而且在质量上大大超越前人，成为翻译史上的杰出典范。

贞观十九年（645年）正月，玄奘终于回到了长安。名满归来的玄奘受到了民众的热烈欢迎，民众夹道迎接这位高僧，街道上彩旗招展，举国上下为之庆贺，唐太宗也在洛阳接见了玄奘。

为了弘扬在天竺所求的佛法，玄奘随即又开始着手翻译佛经。唐太宗对此事极为重视，为玄奘开辟出寺院作为佛经翻译场所，又派守卫维护安全与秩序。玄奘从天竺带回的佛经有520策，共计657部，经过近20年的努力，玄奘带领着一众弟子，翻译出了梵文佛教经典74部，共1335卷。

玄奘翻译的佛经，超过了前代高僧鸠摩罗什等人的水平，因为他兼通汉语和梵文，在天竺时玄奘曾深入研究梵文，对于梵文运用的熟练程度甚至已不亚于母语，佛经翻译的准确性得到了保证。正是各方面的天时地利人和，玄奘翻译的佛经不仅数量庞大，而且质量上乘，他也成为历史上占据顶峰的佛经翻译家。

"清华朗润"

翻译佛经的同时，玄奘还在长安、洛阳各大寺院讲经，传授佛法。他还将自己西行求法的经历口述出来，由弟子辩机记录，最终形成了《大唐西域记》一书，书中对于玄奘一路上的见闻、沿途各地的风土人情、印度各地的佛教圣地等，做了详细的描述。印度历史上著名的那烂陀寺，其具体位置都是依据《大唐西域记》而重新发现。

唐麟德元年（664年），玄奘在长安玉华寺圆寂。玄奘的成就与贡献是多方面的，他自己的佛学修为足以名垂千古，同时在中印文化交流及关系上也产生了深远影响。而对于中国乃至东亚大乘佛教的发展所做出的贡献，更是让玄奘不朽于世。

唐太宗亲自撰文的《大唐三藏圣教序》如此评价玄奘："松风水月，未足比其清华；仙露明珠，讵能方其朗润。"

玄奘塔
唐高宗麟德元年（664年），玄奘圆寂于玉华寺。唐高宗遵照玄奘"择山涧僻处安置，勿近宫寺"的遗言，将火化后的遗骨葬于西安东郊浐水东岸的白鹿原上。唐高宗李治非常敬重玄奘，据说每每在含元殿远眺白鹿原上的灵塔而落泪，为圣体安康着想，高宗的皇后武则天诏令将玄奘遗骨于总章二年（669年）迁葬到长安以南的少陵原，次年修建寺院，以资纪念。新建的佛寺被命名为"大唐护国兴教寺"。后唐肃宗为玄奘的舍利塔题写了塔额"兴教"二字，寓意大兴佛教，从此佛寺名为兴教寺。

654年

（永徽六年）冬，十月，己酉，下诏称："王皇后、萧淑妃谋行鸩毒，废为庶人，母及兄弟，并除名，流岭南。"

——《资治通鉴》卷二百《唐纪》

高宗废后

唐太宗去世后，唐高宗李治继位，他并不像自己的父亲那样雄才大略。高宗小心翼翼地守护着祖父辈打下的江山，然而他做了一件事，让李氏的社稷在不久后改名换姓，那便是"废后"事件。

时间

654年

背景

武曌逐渐得宠，无子的王皇后受到冷落；

长孙无忌、褚遂良等一批元老重臣为代表的士族官僚与以许敬宗、李义府为代表的庶族官僚之间权力的斗争

最终

唐高宗废后立武曌后，清洗了元老派，掌握了朝政大权

唐·金背缠枝花鸟纹镜

李治继位

英明一世的唐太宗，在晚年碰到了让他棘手的问题——选定继承人。因为自己继位便是通过非正常手段，所以他对继承人的问题格外忧虑。太宗和长孙皇后的长子是李承乾，出生后也名正言顺地成为皇太子。李世民和长孙皇后还有两个儿子，分别是四子李泰和九子李治。

然而随着年龄的增长，李承乾并未显现出作为皇位继承人的才能，贞观十七年（643年），企图谋反的李承乾终于被废，接下来选定何人为太子更成为问题。按理来说长子被废，应当由次子接任皇太子之位，同时次子李泰也有这样的条件。他性格深沉，做事稳重，颇有长者风范，不仅能够给自己身边笼络人才，而且善于讨得太宗欢心。然而在长孙无忌这里却节外生枝，长孙无忌认为之所以李承乾堕落至此，与李泰有着直接的关系，而晋王李治身处其外，所以应当由李治出任皇太子。最后唐太宗接受了长孙无忌的建议，册立九子李治为新的太子，唐朝的历史也由此改变。

贞观二十三年（649年），唐太宗李世民在长安郊外的翠微宫逝世，太子李治即皇帝位，是为唐高宗。李治其实也并无雄才大略，唐朝的前两任皇帝李渊和李世民，可以说都艰难创业，励精图治，终于使得唐王朝在政治、经济、军事各方面都日渐鼎盛，所以李治要做的便是守业。

唐·银鎏金錾花葡萄纹瓜形盒

盒作八瓣瓜式，盖与盒体同，盖与盒以子母口相合。盖内直口，顶部隆起，有金蟾蜍纽，盒深腹，外壁被均匀地分为八等份，底部渐收内凹。盒外壁与盖外壁均錾刻缠枝葡萄纹，所有纹饰和边线皆用鎏金装饰。现藏于美国弗利尔美术馆。

后宫争斗

唐高宗登基之初，便册立后妃王氏为皇后。这位王皇后出身于地位显赫的太原王氏，是东汉司徒王允的后人，祖父是西魏名将王思政。王皇后多年来不能生育，她便听从柳奭的建议，对后妃刘氏的儿子李忠极为亲近，并且暗中联络长孙无忌，共同将李忠扶上皇太子之位。后宫中还有一位萧淑妃，年轻有美色，深受唐高宗宠幸，王皇后对此极为不满。她经过谋划，准备再找一位妃子代替萧淑妃，并且能受自己的掌控，以此巩固作为皇后的威权。她物色出的萧淑妃的代替者，正是此时尚幽居感业寺的前太宗后妃武曌。

原来早在唐太宗病危之时，太子李治一直侍奉在侧，久而久之竟然对太宗的后妃才人武氏产生爱慕之心。但毕竟辈分有别，李治一时不敢轻举妄动。太宗死后，宫中的一众妃子都被度为尼，在长安感业寺（一说安业寺）中修道，为逝去的唐太宗祈福，才人武曌也未能幸免。高宗即位后，于太宗的忌日去感业寺上香，碰巧见到了在此修行的武曌，二人对面而泣。这个场景被王皇后看在眼里，于是武曌便成为她代

四川广元皇泽寺内的唐高宗与武则天像

大唐芙蓉园
贞观年间，唐太宗把在长安城东南部，曲江南岸一带的原隋朝离宫芙蓉园赐给了儿子李泰。现在西安的大唐芙蓉园就是在唐代芙蓉园遗址北边建造的反映唐代文化的旅游胜地。

替萧淑妃的不二人选。王皇后先是暗地派人让武曌开始蓄发，然后又劝高宗将武曌接入宫中，这也正好遂了高宗之心。就这样，武曌再一次踏入了幽深后宫之中。

武曌上位

武曌是一位极其聪慧多谋的女性，她知道自己只是作为王皇后的一颗棋子而得以再次入宫，所以便表现得格外低调顺从，对于王皇后卑躬屈膝，王皇后也因此对武曌愈加信任，同时也消除了警惕之心。逐渐地，正如王皇后所计划的那样，武曌确实得到了高宗的宠幸，并且被册封为昭仪。但令王氏没有想到的是，这个女子并非池中之物，竟然渐渐威胁到自己的皇后之位。因为武昭仪专宠后，高宗冷落的不仅是萧淑妃一人，还有身为皇后的自己。

永徽五年（654年），觊觎皇后之位的武昭仪开始行动。这年武昭仪产下了一名女婴，王皇后来到武氏住处探望，对于女婴也颇为怜爱。等到王皇后离开后，武昭仪竟然暗中将婴儿扼住脖子活活掐死，然后又用被子覆盖，以防被人发觉。唐高宗来看望自己刚出生的女儿，武昭仪还假装欢笑，然后揭开婴

儿的被子后便又做惊愕状，随即哭泣不止。高宗便询问周围的宫人，都说刚才皇后来过，这让李治愤怒不已，武昭仪更是哭着数落皇后的罪过。唐高宗由此产生了废王皇后的心思。

毅然废后

废后是国之大事，需要朝廷大臣的支持，但废王皇后、立武昭仪一事，遭到长孙无忌、褚遂良、裴行俭等朝廷重臣的极力反对。褚遂良甚至不惜冒着死罪，以激烈的言辞上谏高宗，并且以额头触地，流血不止，他说："王皇后出身名门，况且是先皇为您所娶。先帝驾崩时恳切地对我说将夫妻二人托付给我。这是您亲耳听到的。皇后又没有什么罪过，怎能轻易废掉！"又说："陛下您就算一定要废掉皇后，那取而代之的也不能是武氏啊！她曾经服侍先帝，这是人所共知的，如此怎能掩人耳目。"但这并不能改变高宗的心意。

这时同样是前朝重臣的李勣对高宗说了一句话，成了废后事件的催化剂。一日李勣入宫，高宗问他说："我想要册立武昭仪为皇后，褚遂良固执地坚持认为不可以。他是先皇钦定的顾命大臣，现在事情该怎么办呢？"李勣回答道："这是陛下您的家里事，何必要问外人呢！"由此高宗才下定决心，废掉了皇后王氏，武曌被立为新皇后，这距离武后开辟出唐朝政治的新格局也不远了。

李勣像
李勣（594年—669年），原名徐世勣，字懋功，亦作茂功。跟从李世民平定四方，成为唐王朝开疆拓土的主要战将之一，曾破东突厥、高句丽，功勋卓著。

> 624年—705年

载初元年（689年）春正月，神皇亲享明堂，大赦天下……九月九日壬午，革唐命，改国号为周。改元为天授，大赦天下，赐酺七日。乙酉，加尊号曰圣神皇帝，降皇帝为皇嗣。

——《旧唐书》卷六《则天皇后本纪》

千古女皇武则天

唐代有一位女性，连续成为两任皇帝的妃子，并且又赫然登临皇帝的宝座，成为中国历史上唯一的女皇，她便是武则天。可以说她足智多谋，也可说是心狠手辣，总之武则天站在权力的最高峰，统治着当时世界上最强盛的帝国。

主角
武曌

职业
中国历史上唯一的女皇帝

信仰
佛教

主要成就
废唐建周、政启开元、治宏贞观

武则天像
武曌（624年—705年），亦作武照，通称武则天或武后，并州文水县人，中国历史上执掌君权因而唯一得到普遍承认的女皇帝。在位期间，重视延揽人才，首创科举考试的"殿试"制度，而且知人善任，重用了一批中兴名臣，为其孙唐玄宗的开元之治打下了长治久安的基础。

庶族出身

武则天，名曌，这是她在掌权之后为自己取的名字，"则天"是她死后的谥号。我们并不知道武则天刚出生时的名字，作为一个女性，在自名"曌"之前，她只能被称作"武氏"。

武则天的籍贯是山西并州，生于唐高祖武德七年（624年）。她的祖上在北朝时期做过下级官吏，父亲武士彟则是木材商人，同时也仗义疏财，到处结交宾客。从北魏一直到唐初这一时期的关陇贵族统治集团，以及山东地区的旧贵族，武氏家族并不在其中。虽然武氏到武士彟时已经财富颇为丰厚，但也只是寒门庶族而已。

隋末李渊奉命在山西管理军队时，曾经住在武士彟家中，武氏由此与即将成为皇族的李氏结下缘分。李渊父子太原起兵之后，武士彟给予了关键的帮助，这为他积累了一定的政治资本，唐朝建立后也被授予了官职。尽管如此，依然不能改变武则天出身庶族的命运，这一时期严格的门阀、士庶观念，在武则天的心中留下了深深的烙印，也改变了后来的历史。

夺权之路

武则天在14岁被选中入宫，成为唐太宗的才人，因为她的聪慧和美貌，所以获得了"武媚"的称号。太宗晚年病重后，太子李治经常侍奉在侧，才人武氏对于比自己年纪略长的太子也颇为殷勤，一来二去，两人之间竟然产生了好感，但毕竟辈分有别，所以也止步于此。太宗死后，武氏随众宫人都被送入长安城的感业寺，出家为尼。后来王皇后用计，重新将武氏召入宫中服侍唐高宗，以此排挤颇受宠幸的萧淑妃。

本来已经无望的武氏，终于迎来了"死而复生"的机会，自然会紧紧地握住。她首先对召自己入宫的王皇后表现出顺从，千方百计讨取欢心和信任，其次按照王皇后的指示，夺取了高宗的恩宠，很快晋升为昭仪。待到自己的靠山由王皇后转变为高宗后，武昭仪便开始向王皇后出击，她甚至不惜杀死自己刚出生的女儿，以此陷害王氏。与此同时，她开始拉拢朝中大臣，如许敬宗、李义府等人，培养为自己的心腹和眼线。废后之事遭到长孙无忌、褚遂良等顾命大臣的反对，不过最后李勣的一句"此陛下家事，何必更问外人"，让高宗下定决心。永徽六年（655年），在一片反对声中，高宗下诏将王皇后和萧淑妃废为庶人，同时册立武昭仪为新皇后。

树立威权

当初与王皇后、萧淑妃争宠时，武后因为比较收敛，能够忍辱负重，同时揣摩高宗的心思，所以高宗才力排众议。武后素来足智多谋，又博通文史，

武后行从图
现代李光第绘。描绘武则天在宫廷巡行的情景。武则天戴宝珠凤冠，着深青交领宽袖衣，腰系杂佩，显得气度威严，女官们着男装，相拥其周围。

自从成为皇后,她又对政治事务表现出强烈的兴趣。唐高宗每次想要发布政令,都会被武后牵制,无法按照自己的意志行事。高宗甚至发现武后将道士召入宫中,欲行厌(yā)胜之类的事情,于是便生出废武后之心。

麟德元年(664年),高宗下密令,命上官仪起草废后的诏书。宫中的眼线迅速将此事告知武后,武后便前往高宗宫中哭诉,此时高宗手边正好放着废后的诏书,所以他觉得异常羞愧,不忍下诏,便又与武后的关系恢复如初。其后,武后派遣许敬宗,将怂恿高宗废后的一干人等,以各种罪名下狱处死,所牵连者甚众。自此之后,高宗每次处理政事,武后都垂帘听政,不论大小政事,都要与之商议。天下大权,便落入了武后的手中,举凡官员的升任、降级以及生杀大权,皆取决于武后一句话,天子高宗被迫只能"袖手旁观",朝廷内外将高宗与武后称为"二圣"。

掌握国家实权的武后,始终没有忘记自己出身庶族,她知道朝廷大臣、关陇贵族肯定对自己有颇多非议。所以她一方面招揽出身寒门庶族的人才,大力推行科举制,为统治阶层注入新鲜血液,同时也在其中培养自己的心腹股肱;另一方面在制度层面抬高自己家族

洛阳天堂遗址景观
天堂,亦名通天浮屠、天之圣堂,始建于载初元年(689年),位于隋唐洛阳城太初宫宫城核心区,宫城正殿明堂的北侧。天堂是隋唐洛阳城中轴建筑群上著名的"七天建筑"中最高的建筑,为一代女皇武则天感应四时、与天沟通的御用礼佛圣地。

的身份地位，重修《氏族志》，规定凡朝廷五品以上的官员，都可以晋升到士族，这极大地改变了自北朝以来的士庶格局，武氏家族中因武后而任高官者数量众多，所以山西武氏自然变成了新的士族。

称帝建周

弘道元年（683年），高宗李治去世，皇太子李显继位，是为唐中宗。中宗软弱，很快便被已经成为皇太后的武则天废除。其后又立豫王李旦为帝，即唐睿宗，垂拱二年（686年），武后下诏要将政权还给睿宗，但睿宗对于武后的心思心知肚明，于是上表坚决推辞，武后便顺水推舟，重新开始临朝称制。

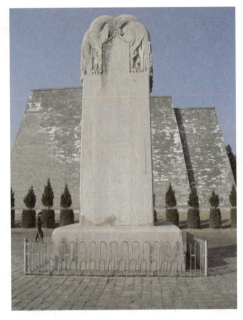

无字碑

乾陵无字碑，为武则天所立。位于陕西省咸阳市区西北方50千米处的乾陵。在乾陵司马道东侧，北靠土阙，南依翁仲，西与述圣纪碑相对，奇崛瑰丽，巍峨壮观。

天授元年（690年），武则天宣布革唐之名，改国号为周，加尊号"神武皇帝"，定都洛阳，并改称"神都"。由此她正式成为皇帝，是中国历史上前无古人、后无来者的女皇，她统治唐朝的时期被称为"武周时期"。

武则天治理天下的几十年中，对于政事兢兢业业，大力发展经济、文化事业，但由于她手腕强硬，特别是任用酷吏，让这位女皇毁誉参半。神龙元年（705年），朝臣发生政变，已经体弱多病的武后退下了帝位，不久便去世了。一代女皇武则天，给后人展现了女性多谋、有力的一面，让本就雍容大气的唐王朝更富有光彩。

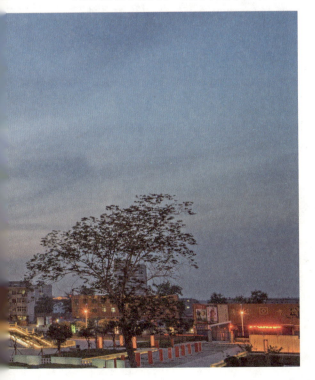

> 630年—700年

武后乘唐中衰，操杀生柄，劫制天下而攘神器。仁杰蒙耻奋忠，以权大谋，引张柬之等，卒复唐室，功盖一时，人不及知。

——《新唐书》卷一百一十五《狄仁杰传》

国老狄仁杰

清代有一部小说《狄公案》，讲的是唐代断案如神的狄仁杰，今天的人们又送给他"中国的福尔摩斯"这一称号。历史上的狄仁杰，不仅是一位善于断狱的"神探"，更是武后时期的宰相，匡世济民的政治家。

主角
狄仁杰

出身
太原狄氏

性格
为人正直，疾恶如仇

主要成就
断狱如神，秉公执法；
知人善任，忠言直谏；
北安契丹，内定太子

狄仁杰像
狄仁杰（630年—700年），字怀英，号德英，唐代并州阳曲县（今山西太原阳曲县）人。为唐朝、武周时的著名宰相，刚正廉明，执法不阿，以身护法。在职期间，心系民生，辅国安邦，政绩卓著，对武则天弊政多所匡正。

科举入仕

狄仁杰（630年—700年），字怀英，山西太原人。出身于达官显贵之家，祖父狄孝绪曾在贞观年间做过尚书左丞，父亲狄知逊，任夔州长史。狄仁杰孩童时代，家中有门人被杀害，县里的官吏过来问话，家中人都一一应对，但是狄仁杰却静坐读书，纹丝不动。县吏便责备年幼的狄仁杰，他应对道："书卷之中，圣贤比比皆是，我尚且应对不过来，哪有闲暇理会世俗的小吏，因此就要被责备吗？"

狄仁杰参加科举中的明经科，考中并得到州判佐的小官，后来又得到阎立本的举荐，被授予并州都督府法曹，协助长官处理司法案件。年轻时期的狄仁杰，表现出的孝顺、重友让人不禁赞叹。他当差的都督府法曹有一位同事，叫郑崇质，家中母亲年迈，而且重病在身。这时又恰逢郑崇质需要到万里之外的西域出差,眼看老母无人奉养,郑崇质便忧心忡忡。狄仁杰对他说:"太夫人有很危险的疾病,而你将要出使远行,怎么能给亲人留下绵延万里的忧思。"于是又去面见府长史蔺仁基,请求代郑崇质出使。狄仁杰大义凛然,足为后世表率。

在基层工作数年后,狄仁杰积累了大量的工作经验,同时处理诉讼案件的能力尤为突出。高宗仪凤年间,他被调任到全国最高司法机构——大理寺,任长官大理丞,在此期间政绩突出,一年时间便将以前积压的一万余件诉讼案件处理完毕,并且没有冤狱上诉的情况。

狄仁杰在处理案件时,秉公执法,丝毫不畏威权。当时武卫大将军权善才因为不小心误砍了太宗昭陵中的柏树,所以被投放狱中。狄仁杰审理此案时,向高宗上奏按罪当免职,但高宗下令立即诛杀。狄仁杰便又上书说罪不当死,高宗颇为生气地说:"权善才砍了太宗陵园中的树,这是让我不孝啊,必须杀了他。"狄仁杰的手下都劝他按照高宗说的做,但他仍上谏说:"臣听说忤逆君

唐·银背鎏金鸟兽纹葵花镜
兽纽,连珠纹纽座。分内外两区,内区饰双鸾双兽,间以缠枝花卉。双兽形状不同,一似雄狮,一似天马而有角。外区八组纹饰,皆以朵花装饰,狭边,莲花状。整个镜背镶嵌银壳,纹饰和镜纽皆以鎏金装饰。现藏于美国弗利尔美术馆。

主,自古以来都是难事,但我不这样认为。"紧接着又以古代的明主与昏君做对比,最后说:"臣之所以不敢奉旨杀权善才,是因为不想让陛下您得到无道的骂名。"高宗听后气也消了,权善才因此得以幸免于难。几日之后,狄仁杰被授予侍御史的官职。所以说他不仅是善于断狱的明官,更是敢于直谏的忠臣。

之后又加朝散大夫之衔,并迁任度支中郎。不久即转任宁州(今甘肃宁县)刺史,在此期间狄仁杰很好地处理汉族和少数民族之间的关系,民众十分欢心,郡中甚至有人刻碑来记颂他的功德。御史郭翰巡视陇右时,看到狄仁杰政绩突出,所以将之推荐到朝廷,他又被征为冬官侍郎,充任江南巡抚使。

官至宰相

天授二年(691年),狄仁杰升任地官侍郎、判尚书、同凤阁鸾台平章事,成为朝廷宰相。武则天当政时,她培植的眼线、爪牙遍布全国各地,对于朝廷官员的情况一清二楚。一次武则

唐·彩绘陶武士俑

红陶彩绘,模制而成。头戴兜鍪,身穿铠甲,腰部束带,肩披履膊,胸前及脐部置护甲。下着条纹小口裤,足蹬尖靴,一手置于腰间,一手做持物状。站立于方形座上。显示出唐代起起武夫的形象。阔口大鼻,圆目鼓瞳,形象勇猛。现藏于美国弗利尔美术馆。

天问狄仁杰："爱卿你在汝南做官时，很有政绩，你想知道都有什么人谮毁你吗？"狄仁杰巧妙应对道："陛下您认为臣有过错，我便立即改正。您觉得我没有过错，那是微臣的幸运。我不知道谮毁之人的话，便和他们还是好朋友，所以还是不知道为好。"武则天对狄仁杰的表现深为赞叹。

任宰相不久的狄仁杰，当时的酷吏来俊臣便诬陷他有反叛之心，并将之投放狱中。狄仁杰委曲求全，几经周折后才免于死罪，最终被贬官。万岁通天年间，北方突厥侵略边境，河北地区动荡不安，狄仁杰重新被起用，官任魏州（今河北魏县）刺史，上任后很好地安抚当地百姓，并且让契丹军队不敢再行

狄仁杰墓
狄仁杰墓位于洛阳城东12千米处洛阳市郊区白马寺镇白马寺山门外，为一圆形土丘。墓前今存碑石两方，较大的石方上书"有唐忠臣狄梁公墓"八字，重立于明代万历二十一年（1593年）。

入寇，之后又转任幽州都督。

神功元年（697年），狄仁杰重回中枢，任鸾台侍郎、同凤阁鸾台平章事，再次成为宰相，并加衔银青光禄大夫，兼任纳言，这是狄仁杰政治生涯的巅峰时期。在此期间他成功将李显扶上太子之位，又向武则天举荐张柬之、姚崇等人，这都为李唐中兴奠定了基础。

武则天曾询问狄仁杰说："朕想要一个好汉来任使，有吗？"狄仁杰反问道："您需要做什么的人才呢？"武则天说："朕想要一位宰相。"他恍然大悟道："原来皇上您需要的是能够助您成就天下大业的人才。"又说："荆州长史张柬之，其人虽然比较老，但确实有宰相之才。如果您任用他当宰相，必定能为国鞠躬尽瘁。"久视元年（700年），狄仁杰去世，他抱憾的恐怕就是不能看到李氏重新夺回皇权，而这将由他的门生张柬之来实现。

705年

神龙元年，春，正月……太后疾甚，麟台监张易之、春官侍郎张昌宗居中用事，张柬之、崔玄暐与中台右丞敬晖、司刑少卿桓彦范、相王府司马袁恕己谋诛之。

——《资治通鉴》卷二百七《唐纪》

神龙政变

统治唐朝约二十年后，年迈重病的武则天已经无力维持政局，由她一手建立的武周政权格局即将崩塌。李唐宗室的拥护者趁机发动政变，将李显扶上帝位，大唐帝国的主权又落到李氏手中。

时间

705年

背景

晚年的武则天沉湎享乐，宠幸张昌宗、张易之兄弟，二张专政引起群臣不满

结果

武则天被迫退位，宠臣张易之等被杀，太子李显即皇帝位，是为唐中宗

唐·银鎏金錾花珍珠地缠枝花鸟纹盒
银盒为六曲菱花形，盒盖与底面皆外部隆起，中心内凹，上下以子母口相扣合，合缝严密。盒面主题纹饰为萨珊式的圆框内饰鸾鸟，以珍珠纹填地。外壁饰花卉纹。此类盒子从造型和纹饰上看，应为唐代早期产品。现藏美国弗利尔美术馆。

二张得宠

武则天统治末期，政治已现颓势。长安四年（704年），原神都副留守杨再思被任命为内史，即是朝廷宰相。杨再思专以阿谀奉承，取悦武皇为事。当时武皇有两个男宠张昌宗、张易之。为讨好他们，以图在武皇面前为自己美言，杨再思极尽谄媚之能事。他曾在张易之兄长司礼少卿张同休举行的宴会上，把剪纸贴在自己脸上，将官袍反披，学跳高句丽舞，只因为张同休说了句他长得像高句丽人。张昌宗貌美，当时人夸他"面似莲花"，但杨再思说"不然"，张昌宗便问他为什么，他说："应该是莲花像你啊！"

同年，司礼少卿张同休、汴州刺史张昌期、尚方少监张昌仪因贪赃被下狱，朝廷中有识之士也要求将张易之、张昌宗一同审问，因为他们也作威作福。武皇便询问杨再思："张昌宗有功劳吗？"杨再思善于揣测武皇的心意，他便回答说："张昌宗炼出了神

丹,陛下您吃了之后果然有效,这便是莫大之功劳。"这正中武皇下怀,她便赦免张昌宗的罪名,并且官复原职。

之后不久,鸾台侍郎、知纳言事、同凤阁鸾台三品,同样身为宰相的韦安石上奏,要求审问张易之等人的罪行,武皇下令将此事交给韦安石及右庶子、同凤阁鸾台三品唐休璟处理,但是还未完成事情便出现变化,韦安石和唐休璟都被调离中央,很明显这是武皇为了保护张易之所采取的行动。唐休璟在临行之前,私下里对太子李显说:"张昌宗、张易之二人有恃无恐,已经怀有不臣之心,以后必定会作乱,您要提前做好准备。"

但是李显性格软弱,并没有能力去制服这些权臣,此时的他需要一位有力的助手。同年九月,武皇向即将赴任灵武道安抚大使的姚元之询问,朝廷中有谁可以胜任宰相之职,姚元之回答说:"张柬之深沉有谋略,能决断大事,只不过他已经年老,希望陛下能速速起用。"一个月之后,秋官侍郎张柬之加平章事衔,成为宰相,这时他已经八十岁。

这一年武则天突然生病,在宫中长生院休养,一应大臣包括宰相都无法面见武皇,只有张易之、张昌宗侍奉在侧。崔玄暐上书说:"皇太子、相王都仁德孝顺,足以为您侍奉汤药,宫禁重地,臣请求不要让外姓人出入其中。"但武皇并未接受。张易之、张昌宗见武皇疾病愈加严重,恐怕她死后自己也性命不保,便暗地安排自己的同党作为后援,以备不测。此时屡屡有人向宫中送

龙门石窟卢舍那大佛

卢舍那大佛,是按照武则天的形象塑造的,作于唐高宗咸亨四年,即673年。位于洛阳龙门西山南部山腰奉先寺,通高17.14米,是龙门石窟中艺术水平最高、整体设计最严密、规模最大的一处。

唐·三彩凤纹凤首壶

壶口呈凤头状，细颈，扁圆形腹，高足外撇，平底。通体施绿、褐、白等釉，底足无釉。一侧置曲柄。腹部形成两面开光体，采用塑贴装饰技法，一面为人物骑马射箭图，一面为飞翔的凤鸟图。此壶造型巧妙，塑贴技法使画面具有浅浮雕效果，物象鲜明突出，线条流畅，色彩鲜艳华丽，堪称佳品。

匿名信，甚至还将举报信贴在都城大道旁边，说张易之兄弟将要谋反，但武皇对此不闻不问。

玄武门政变

神龙元年（705年）正月，武皇病重，一直在武皇身边侍奉的麟台监张易之、春官侍郎张昌宗控制了中枢权力，于是张柬之、崔玄暐及其他支持李唐宗室的大臣暗中策划，准备诛杀张易之兄弟，顺便夺回被武氏占据的皇位，让太子李显重新即皇帝位。政变没有军队的支持难以成事，张柬之便联络掌控都城和禁中防卫的右羽林卫大将军李多祚，对他说："将军今日的富贵，是谁给的？"李多祚动情地说道："是皇上给的。"张柬之又说："如今皇上的儿子被两个小人所威胁，将军你难道不想着报答皇上的恩德吗？"李多祚坚定地说："只要对国家有利，唯命是从。"就这样定下了计谋。

几日之后，张柬之、崔玄暐等人带兵五百余人驻守在玄武门，并派遣李多祚去迎接太子。至此关键时刻，太子李显居然心有疑虑，不敢出门。一同前去的同皎劝太子说："先帝以国之神器托付给殿下您，不料被武后幽禁，致使人神共愤，至此已经23年了。如今各方同心协力，将要诛杀奸臣，夺回李唐社稷，希望殿下您一同到玄武门以孚众望。"几番劝说之后，太子李显终于从宫中出来。

同皎将太子扶上马，来到玄武门，然后斩杀关卡守卫而进入宫中。武皇此时在迎仙宫，张柬之等人带兵将张易之、张昌宗二人斩杀于房庑之下，又进到武皇所在的长生殿，带来的侍卫将武皇团团围住。之后，又将张昌期、张同休等人拘禁，然后一同斩杀。次日，太子李显监国，大赦天下。不久武后便传位给太子，李显登基为帝，是为唐中宗。中宗即位后，首先封赏协助自己起事的众大臣，其次为武周酷吏所冤枉的无辜者平反，又率朝臣给武后上"则天大圣皇帝"的尊号。武则天也移居到上阳宫，在此处等待着生命的最后一刻。

张柬之像

现代高嵩绘。张柬之（625年—706年），字孟将，唐朝襄州襄阳人。张柬之中进士后，任清源监察御史。永昌元年（689年）以贤良征试，擢为司马。后出任合州、蜀州刺史、荆州长史等职。神龙元年（705年）正月，与桓彦范、敬晖乘武则天生病发动政变，复辟唐朝国号。因功擢天官尚书，封汉阳郡公，后升为汉阳王。

705年—710年

（上官婉儿）荐三思于韦后，引入禁中，上遂与三思图议政事，张柬之等皆受制于三思矣。上使韦后与三思双陆，而自居旁为之点筹。三思遂与后通，由是武氏之势复振。

——《资治通鉴》卷二百八十《唐纪》

武韦之祸与唐隆政变

唐代武则天称帝后，为身后的女性们打开了一扇新的大门——原来女流之辈亦可掌权执政。待唐中宗登基后，韦后、安乐公主纷纷蠢蠢欲动，她们与武三思勾结，企图夺取皇权。李隆基便应时而起，先平武韦之祸，次诛太平公主，结束了动荡不安的政治局势。

时间

705年—710年

背景

唐中宗皇后韦氏与武三思和上官婉儿相互勾结，把持朝政，欲学武则天

结果

李隆基带兵诛杀了武三思、韦后，还政李氏

遗留隐患

神龙政变发生之时（705年），张易之、张昌宗二人作为主要的"讨伐"对象被诛杀，同时个别张氏及武氏成员也被治罪。但是因为高宗懦弱心软，便没有再过多地追究，所以尚有不少武氏残党。

当时洛州长史薛季昶对张柬之、敬晖说："张氏二凶虽然已经除掉，但武三思等人还在，去草不除根，终将会复生啊！"季昶感叹道："这下恐怕我都不知道会死在哪儿了。"朝邑尉刘幽求也对桓彦范和敬晖说："武三思还在，你们都会死无葬身

唐中宗斜封除官

出自16世纪《帝鉴图说》。唐代史书上记载：唐中宗李显当上皇帝后，把朝廷政务全都交给了皇后韦氏去处理。韦后的女儿安乐公主、长安公主与韦后的妹妹郕国夫人，以及后党的其他成员女宠，都任意妄为。无论是谁，哪怕是杀猪卖酒的出身，只要能交纳30万铜钱，就能从她们的手中买到一张由宫中签发的正式委任状。当时，人们都称这种通过买卖得到的官职为"斜封官"。

之地啊！如果不早些除掉他，等到武三思动手时就来不及了。"但是敬晖等人都没有听从。其实当张柬之带兵到景运门，已经准备要收押武氏诸人时，但司刑少卿桓彦范觉得既然事情已成，不愿牵连诛杀太广，便将军队解散，张柬之虽强烈反对也没有奏效。就这样，神龙政变虽然将皇权归还李氏，但却给日后留下了祸根。

武韦勾结

武则天死后，中宗重新即位，韦氏也再次成为皇后，这时的她已经有效仿武皇的心思，中宗软弱没有主见，所以韦氏频繁地干预朝政，就如同武后在高宗在位时那样。桓彦范曾上表向中宗进谏，说："臣每次见到陛下您临朝处理政事，韦后都要坐于殿上垂帘听政，干预政事。自古以来凡是妇人参与朝政的，未曾有不国破身亡的例子，还希望陛下您不要让皇后参与国政。"但是中宗并不接纳此意见。

上官仪有个女儿叫上官婉儿，在上官仪死后进入宫中，她明辨聪慧，善于写文章。武则天非常喜爱她，朝廷各机构的奏折都要让其参与决断。中宗即位后，婉儿被封为婕妤，而逃脱了神龙政变的武三思开始和她私通，并且将其拉拢到残存的武氏集团中。又靠着上官婉儿的关系，武三思被引荐给韦后，开始频繁进入宫中，中宗也与他商议政事，朝臣如张柬之等人都受制于武

《上官婉儿墓志铭》拓本
上官婉儿墓志题为"大唐故昭容上官氏铭"，志文共982个字。墓志的志文主要记载了其家族的来历，用了近一半的篇幅叙述上官昭容祖父三代的历官，而对上官婉儿的经历描述则颇为简略，主要记载了上官婉儿年十三为才人（676年），神龙元年（705年）册为昭容，之后请降于婕妤，唐隆政变（710年）被杀。史书记载其生于麟德元年（664年）。

三思。逐渐地，武三思与韦后结成联盟，企图控制政局，进而夺取皇权。同时，中宗与韦后的女儿安乐公主，嫁给了武三思的儿子武崇训为妻，所以安乐公主也参与其中。

迫害忠良

武三思得势后，开始着手清除政敌张柬之、桓彦范、敬晖等人。中宗即位才几个月，韦后和武三思便开始

唐·青白玉雕伎乐图带
青白玉质。此玉带由9块方形銙和1块圆首矩形铊尾组成。方形銙正面浮雕手持乐器的伎乐人物，铊尾浮雕舞蹈人物。此带是典型的唐代玉带。

在中宗跟前谮毁敬晖等大臣，说他们仗着有功劳专权跋扈，企图对社稷不利。中宗竟然听信了他们的谗言，按照武三思的建议，将敬晖、桓彦范、张柬之、袁恕、崔玄暐五人封为王，让他们离开中央到各封地就职。同时武三思还让朝廷百官恢复武皇时期的制度，凡是不附庸武氏者都严加斥责，从此武三思大权独揽。

神龙二年（706年）五月，武三思又诬告敬晖等五人参与了谋反活动，将他们从诸侯王贬为州司马。武三思还不罢休，两个月后，又罗织罪名诋毁这五位朝廷元勋，说他们企图废韦后，中宗便将五人流放到岭南。紧接着，武三思派出人马，将张柬之、敬晖等五人一一杀害。在唐朝政权危急时，力挽狂澜的五位功臣，就这样被武三思、韦后陷害，死于非命。

杀害五王之后，武三思权倾人主，更加狂妄自大，他曾对别人说："我不知道怎样是善人，怎样是恶人；但是对于我友善的我就当他是善人，反之对我有恶行

唐·三彩马
懿德太子李重润是唐中宗的儿子，高宗李治与武则天之孙，原葬河南洛阳，后迁乾陵陪葬，"号墓为陵"。此墓出土文物一千多件，这件三彩大马，是其中一件精品。马身躯肥硕雄健，骨肉坚实，竖耳张口，鼓睛暴眼，披鬃缚尾，四肢刚劲挺立。马佩戴华美的装饰，马背花色障泥上，置一草绿色鞍。无疑是马中的"骄子"。

唐·三彩镇墓兽

蹲于山石状高台之上,兽身狮面,怪目圆睁,大鼻阔口,獠牙峥嵘,头顶有一对鹿角,头部及颈部鬃毛做火焰状,坐姿前两足撑地,爪如鹰,后两足蹲踞,两腋生双翅。通体以黄、绿、白三色装饰,釉色纯净,是唐代三彩镇墓兽中的精品。现藏于美国弗利尔美术馆。

的，那便是恶人。"当时兵部尚书宗楚客、将作大匠宗晋卿、太府卿季处讷、鸿胪卿甘元柬等都是武三思的党羽，又有御史中丞周利用等五人为其耳目，时人将他们称作"五狗"，可见对之痛恨已极。

应时而起

中宗所立的太子是李重俊，韦后因为太子不是自己所生，所以对之非常厌恶，武三思对太子更是忌惮。安乐公主与武崇训目中无人，常常对太子出言不逊，有时甚至咒骂凌辱，称其为"奴"。景龙元年（707年）七

唐·三彩马及牵马俑
此三彩陪葬明器出土于节愍太子李重俊墓。从发掘情况看，墓园由地面和地下两部分构成，地面文物由于年代久远，幸存无几，封土堆因雨水冲刷和人为的蚀食。现为覆斗形，系夯筑，夯层厚12～15厘米，底部边长37米，高20余米。门阙前有司马道，宽约20米，司马道两侧原有大量石刻，今仅存石人一尊，石蹲狮一座。

唐中宗观灯市里
出自16世纪《帝鉴图说》。唐史上记，中宗李显在位晚期，把朝政放任给韦后和安乐公主，自己心情玩乐。曾于正月元宵夜，与韦皇后私出宫禁，观灯于街市城巷之间，同时还带上了数千名宫女去看花灯，全都换上平民的服装出宫逛灯市，结果夜深回宫查点，数千宫女逃走了十之五六。

月，太子与左羽林大将军李多祚等人发布假诏书，带羽林军三百余人斩杀了武三思、武崇训父子。之后又引兵从肃章门进入皇宫，企图斩杀上官婉儿，最后被宫中宿卫军剿灭，太子李重俊带残兵逃亡终南山，李多祚被杀死。

虽然武三思已死，但韦后及安乐公主尚在，她们除掉了太子李重俊这个眼中钉，所以更加肆无忌惮。景龙四年（710年）六月，韦后伙同安乐公主，差遣散骑常侍马秦客及光禄少卿杨均在中宗的食物中下毒，中宗李显在神龙殿逝世。韦后秘不发丧，自己总揽朝政。眼看着才落回李氏手中的大唐江山岌岌

可危，此时身为临淄王的李隆基准备起兵平乱。

李隆基是相王（唐睿宗）三子，目睹着宫中动荡不安，他便从潞州（今山西长治）赶到京城，暗地里招兵买马，谋划匡扶社稷之事。李重茂即皇帝位（殇帝），此时已经成为皇太后的韦氏想要效仿武则天，谋害幼帝自己当权。殇帝唐隆元年（710年），李隆基提前联络太平公主，安排好诸项事宜后，在宫城玄武门外布置下重兵，夜里二更，大将刘幽求、葛福顺等带兵进入宫中，先至羽林军驻地，斩杀了韦氏权臣。一时之间宫中大乱，然而李隆基已经派兵直逼太极殿，韦后在慌乱之中被斩杀，安乐公主紧接着也命丧刀下。

发动政变的李隆基和太平公主，成功地将相王李旦重新扶上帝位，李隆基也被立为太子，持续近五年的武韦之祸宣告结束。

罔极寺

罔极寺地处陕西西安市东关炮坊街内，创始于唐神龙元年（705年），有1300多年的历史，是镇国太平公主为母后武则天祈福而修建的皇家寺院。寺名取自《诗经》"欲报以德，昊天罔极"之句，以表达子女对父母无限的孝思。盛唐时居于大明宫与兴庆宫之间，在唐皇城内供皇室宫廷朝礼之用。唐代著名天文学家僧一行圆寂后在此寺停葬。寺在明初重修，寺址从原长安城大宁坊东南隅，南移于唐安兴坊内。现为尼寺，古建筑有大雄宝殿、金刚殿、钟鼓楼、山门。

> 713年—741年

是时，海内富实，米斗之价钱十三，青、齐间斗才三钱，绢一匹钱二百。道路列肆，具酒食以待行人，店有驿驴，行千里不持尺兵。天下岁入之物，租钱二百余万缗……

——《新唐书》卷五十一《食货志》

开元盛世

趁机而起的李隆基，恢复了父亲睿宗的帝位后，自己以三子的身份成为皇太子。之后又接受睿宗的让位，登基称帝，并除掉了威胁自己的太平公主。进入开元年间后，君臣励精图治，政治环境稳定，大唐王朝又重新迎来了盛世。

时间

713年—741年

开创君臣

唐玄宗、姚崇、宋璟

背景

为权力，太平公主与李隆基矛盾加剧，为防不测，唐睿宗李旦让位，李隆基登基

盛况

国土面积约1076万平方千米；
人口约8000万；
城市繁华、对外贸易繁荣

唐玄宗像

唐玄宗李隆基（685年—762年），生性英明果断，多才多艺。在位前期注意拨乱反正，任用贤相，励精图治，创造了开元盛世。后期怠慢朝政，宠信奸臣，引发安史之乱，导致了唐朝的中衰。

平定时局

李隆基（685年—762年），是睿宗李旦的三子，武后掌权时期的垂拱元年（685年）生于洛阳，当时其父李旦已经被废为诸侯王，加之李隆基一直行事低调，所以他可以说是政坛上的一匹黑马。唐隆元年（710年），临淄王李隆基发动政变，一举粉碎韦氏权力集团，同时将武氏余党消灭殆尽。睿宗重新登基后，李隆基成为皇太子，而此时的他还有一个劲敌，那便是太平公主。

太平公主是唐中宗李显的妹妹，一直以来在朝廷中颇有影响力，甚至可以说有着举足轻重的地位，韦后和武三思弄权时，最忌惮的便是太平公主。延和元年（712年），太子李隆基继位，改元"先天"，是为唐玄宗，睿宗成为太上皇。此时的太平公主依靠着太上皇的信任，擅权用事，朝廷中七位宰相，有

五人都出自她的门下，文武大臣半数以上都依附其后。开元元年（713年），唐玄宗事先得知太平公主将发动政变，于是他便决定先发制人，亲率羽林军袭杀太平公主党羽，公主逃入山中三日才出来，最后被玄宗赐死。至此，唐朝动荡不安的中央政局才逐渐稳定，唐玄宗牢牢掌握了国家权力。

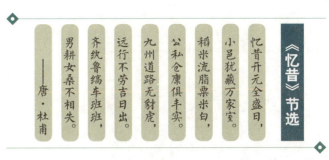

《忆昔》节选

忆昔开元全盛日，
小邑犹藏万家室。
稻米流脂粟米白，
公私仓廪俱丰实。
九州道路无豺虎，
远行不劳吉日出。
齐纨鲁缟车班班，
男耕女桑不相失。

——唐·杜甫

励精图治

平定了时局之后，唐玄宗便把精力投入治国理政上，他励精图治，采取多方面的措施巩固政权，发展壮大王朝的实力。从某种程度上说，唐玄宗可以说是太宗李世民的继承者。首先李隆基并非睿宗的长子，而是第三子，并且与太宗的手段相同，玄宗也将父亲"请下帝位"，自己承担起江山社稷。另外，从玄宗执政后的行动和措施来看，他更是有几分唐太宗的风范。

唐玄宗听谏散鸟
出自16世纪《帝鉴图说》。依唐史记，唐玄宗曾派人到江南地方，采取鹢鹩等水鸟，畜养于苑中，以恣观玩。使臣所到之处，百姓不胜其扰，有汴州刺史倪若水上书谏说："如今江南百姓衣食不足，饥寒过半，方务农采桑，以耕织为急，而朝廷之上，乃使之罗捕禽鸟，水陆转运，远至京师，负累小民，骚扰地方，那路上人看见的，岂不说陛下轻视民命，重视禽鸟，为贱人而贵鸟乎？"唐玄宗看到后，深以为然，马上就发手敕一道对自己的行为表示道歉，并自此纵散其鸟，不复采捕。

目睹了武后专政与武韦之祸的唐玄宗，很注重总结历史经验，他曾说："我处理政事的闲暇时间，经常翻阅史籍，有些史事关乎着事理和规律，这是真正应该留意的地方。"玄宗刚上台还比较注意节俭，反对奢靡之事。开元二年（714年），玄宗下令："乘坐的马车以及供把玩的金银器物，最好由相关部门进行销毁，将之供国家建设使用。至于珠宝玉器、锦绣服饰，在殿前直接焚毁，后妃以下的宫人，都不得穿戴珠

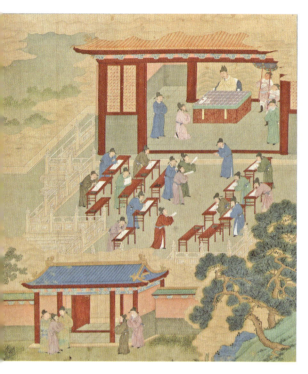

唐玄宗召试县令

出自16世纪《帝鉴图说》。唐史上说，有一次唐玄宗召新上任的县令到殿庭之上考试经国治民之道，韦济词理第一，擢为醴泉令，有200人不合格但命其暂时上任，45人淘汰。又命京官五品以上的外官刺史，各推举县令一人，视其政善恶，对被举荐者进行相应的奖罚。

玉锦绣服饰。"唐玄宗努力在宫中和整个国家提倡一种节俭、平实的风气。

农业经济方面，玄宗针对长期以来民户大量流失的问题，任用宇文融为劝农使，进行括户、核查土地，为国家挽回大量流失的人口和赋税。同时又组织开垦土地，扩大屯田的规模，让更多的贫苦农民获得土地。在吏治方面，玄宗进行了大幅度的改革，以图挽回韦后弄权时期卖官鬻爵的后果。他下令对官员的铨选要严格要求，裁减冗官，同时也大力提拔、任用有才之士。许多有远见卓识的政治家在此时产生，其中最有名的当属姚崇和宋璟。

名相姚宋

姚崇（651年—721年），原名姚元崇，后又以字行，称姚元之，玄宗朝为避"开元"讳，遂更名姚崇。他曾经参与了张柬之等人发动的神龙政变，武周、睿宗时曾官任宰相，所以也是前朝的功勋之臣。出身于贵族世家的姚崇在武后时期深受器重，因为其出色的处理政事的能力，所以被提拔为宰相。宋璟则是通过科举进入官僚系统，他为官有浩然正气，也受到武则天的赏识。

玄宗刚成为皇太子时，当时官任兵部尚书的姚崇又兼任太子左庶子，吏部尚书宋璟任太子右庶子，显而易见，姚、宋二人此时已经是李隆基的左膀右臂。开元元年

姚崇像

姚崇（651年—721年），本名元崇，字元之，陕州硖石（今河南陕县）人，文武双全，历仕则天、中宗、睿宗三朝，两次拜为宰相，并兼任兵部尚书。唐玄宗亲政后，姚崇提出十事要说，实行新政，辅佐唐玄宗开创开元盛世，被称为"救时宰相"。晚年因教子无方，受儿子所累被罢相。

（713年），唐玄宗将外任同州刺史的姚崇召回京师，让他担任玄宗一朝的首任宰相，凡军国大事皆由其定夺。

宋璟（663年—737年）是接任姚崇的宰相，开元四年（716年），姚崇因为儿子犯罪所以请求卸任宰相，并推荐广州都督宋璟代任。宋璟任宰相职位后，非常注重选官用人，根据个人才能授予官职，使得百官皆各称其职。同时又赏罚分明，敢于犯颜直谏，玄宗对宋璟也甚为敬重，有时候二人意见不合，便听从宋璟。

姚崇、宋璟二人相继为玄宗宰相，姚崇善于随机应变，而宋璟则按照规定办事，守法持正。他们虽然在行政理念上有差异，但都同心协力辅佐玄宗，使得天下赋税宽松平正，刑罚也清明减省，百姓生活日益富庶。唐代的宰相中，前有房玄龄、杜如晦，后则有姚崇、宋璟，历代都称颂不已。

再逢盛世

开元年间（713年—741年）君臣同心协力，使得农业经济持续发展，隋朝一直到唐中期两京地区长期依赖江南漕粮的局面得到改变，北方地区粮食产量充裕富足。政治清明，科举

宋璟像

宋璟（663年—737年），今河北邢台南和县人，唐代重臣。唐朝三百年间，素有"前称房、杜，后称姚、宋"之说。史书上一向姚宋并提，并有"崇善应变以成务，璟善守文以持正"的赞词。玄宗和宋璟等重臣连续保持了稳定的关系，这不仅使得寒门士子的地位进一步提高，也使得整个社会表现出积极乐观、刚健进取的人文氛围。

政策选拔出大量的优秀人才，这也让国家吏治堪与"贞观之治"相媲美。同时玄宗个人喜好文事，促使此时文治之风大盛。

大唐王朝在开元年间又迎来了"贞观之治"后的第二个盛世，唐代的文人曾这样记述开元盛景："朝廷左右府库，财物堆积如山，不可胜数。天下四方丰稔有余，百姓生活殷实富足。兵戈之事不兴，人民安居乐业，路不拾遗。"虽然不免有夸张的成分，但在唐代人的心目中，开元盛世让他们无比自豪、满足。

唐·三彩马

马头向左侧视，通身白色，鬃上剪三花，马鞍上披着深绿色绒毯状鞍袱，胸前和鞍后均络绿色革带。胸前的带上饰有黄色小铃（金铃），金铃间饰有黄点的蓝色流苏；鞍后皮带两侧各饰杏叶形垂饰5枚，革带交结尻上，交结处饰有杏叶形垂饰4枚。头上辔饰俱全，嘴角两侧带有角形镳，口衔勒，笼头上的装饰与胸股装饰相同，皮带饰黄色花朵。

> 673年—727年

时《麟德历经》推步渐疏，敕一行考前代诸家历法，改撰新历……于是一行推《周易》大衍之数，立衍以应之，改撰《开元大衍历经》。

——《旧唐书》卷一百九十一《一行传》

一行与《大衍历》

僧人一行是唐代著名天文学家，他不仅佛学修养深厚，而且在科学成就上蜚声中外。制造天文仪器，主持天文大地测量，同时编修唐代官方新历法《大衍历》，这些都足以让高僧一行跻身世界著名天文学家的行列。

主角
一行（张遂）

出家原因
青年时以学识渊博闻名，为躲避武则天任子纠缠而剃度为僧

佛教地位
僧中科学家

重点弘传
胎藏界密法

主要成就
《大衍历》、天文仪器制作、天文大地测量

僧一行雕像
一行（673年—727年），唐高僧，天文学家。俗姓张，名遂，巨鹿（今属河北邢台）人，21岁从荆州景禅师出家，旋从嵩山谱寂学禅，后从善无畏、金刚智学密法，又参与善无畏译场，翻译《大日经》。精通历法和天文。曾翻译过多种印度佛经，后成为密宗的领袖。

年少聪敏

僧人一行，俗名张遂，魏州昌乐（今河南南乐县）人，是襄州都督、郯国公张公谨的孙子，父亲名叫张擅，曾经做过武功县令。一行年少时聪明敏达，博览经史书籍，尤其精于历法、象数等自然科学方面的学问。

当时有位叫尹崇的道士博学多识，家中藏书颇丰。一行便慕名拜访，借来扬雄的《太玄经》，准备拿回家仔细阅读。数日之后，又来拜访尹崇，并归还《太玄经》一书。尹崇便问他："此书晦涩难懂，含义隐微，我探究了数十年，尚且不能通晓，你还是再拿去仔细琢磨吧，怎么这么快就归还了！"一行回答说："我已经探究到它的意思了。"然后

又把自己所写的《大衍玄图》及《义决》两书让尹崇看。尹崇大为惊讶，便与一行讨论其中的奥妙，对其才思敏捷十分赞叹，他对别人说："这位后生真可谓是当代的颜回啊！"从此之后，一行声名大振。

一行不仅有才学，而且淡泊名利。武三思对于一行的才学仰慕，想要与他结交。一行对于武三思的品行早有耳闻，并且他也不愿涉足政事，所以逃匿到外地以寻求躲避，没有与武氏结交。不久后，一行出家为僧，隐居在嵩山，拜佛门高僧普寂和尚为师。唐睿宗即位后，敕令东都留守韦安石恭敬地去征召一行，他也坚决推辞，没有顺从皇帝的命令。后来一行前往荆州当阳山，跟随佛门高僧悟真学习印度律宗。

开元五年（717年），玄宗命令礼部郎中带着敕书到荆州强制起用一行，迫于无奈，一行便来到了京城。他被安置在光太殿，玄宗数次来拜访，和一行讨论治理国家、抚慰人民的道理，一行都言辞恳切、单刀直入，没有什么隐晦。开元十年（722年），玄宗长女永穆公主出嫁，皇帝想要按照当初太平公主的先例，以高规格的礼仪行事，一行对此提出了异议。他认为高宗只有一个女儿，所以太平公主的婚事才极其隆重，况且太平公主骄奢，最后也下场凄惨，所以不应该将其作为永穆公主出嫁

浑仪

浑仪是由有刻度的金属圈组成，这些圆形的骨架代表天体的赤道、黄道、子午圈等。金属球代表天体，而浑仪的中央通常是地球或太阳。中国古代的浑仪还有代表白道的圆圈和协助观察用的窥管（作用如同望远镜，但没有镜片）。由于历代浑仪增加的圆圈太多，妨碍观察，元朝郭守敬把圆圈简化，称为简仪。

的标准。玄宗最终采纳了一行的建议，按照正常的规格为永穆公主举行婚礼。

醉心天文

一行善于著述，他的作品有《大衍论》《摄调伏藏》《天一太一经》《太一局遁甲经》《释氏系录》等，而他最著名的著作，当为《大衍历》，这是他天文学成就的代表作。《大衍历》从开元十三年（725年）开始撰写，到开元十五年（727年）他去世之前写

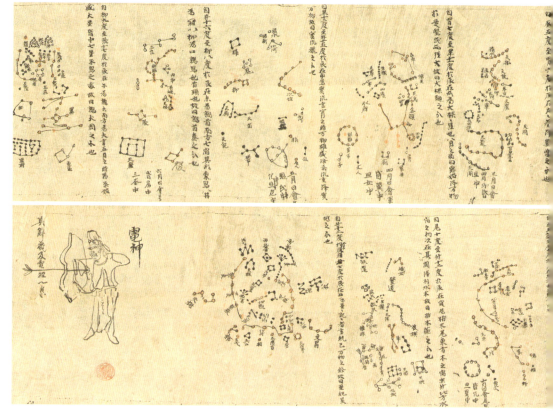

唐·敦煌星图（局部）

敦煌星图，又称《敦煌星图甲本》，是中国天文学史上最著名的星图之一，绘制于唐中宗时期（705年—710年），该卷为绢本彩色手绘，长1.98米，上面标注了1339颗星星的位置。此图是世界上最早的星图。这种把北天极附近的星画在圆图上，把赤道上空的星画在横图上的画法是现代星图的鼻祖。根据推测，此星图的观测地在北纬35°左右，即现西安洛阳一带。

成草稿，后由张说和陈玄景等人整理成书。

开元十年（722年）一行入京后，玄宗便交给他一项任务，编制新的历法。当时通行的历法是唐代天文学家李淳风制定的，在麟德二年（665年）开始施行，到此时已经过去了半个多世纪，历法逐渐显现出误差，编制新的历法迫在眉睫。一行接到此任务后，首先必须观测天象，在此之前要做的准备工作则是制作天文仪器。一行与时任率府兵曹参军的梁令瓒合作，于次年制作出了高精度的铜制黄道游仪。一行利用这个仪器，观测到了恒星的移动现象，这在世界天文学史上都是重要的成就。同时他们还制作出名为"水运浑天俯视图"的浑天仪，它不仅能够演示天球和日月的运行，同时又能按照时刻起鼓撞钟报时，集观测天象与自鸣钟于一身，可谓巧夺天工。

制作出高精度的天文仪器后，一行又着手进行天文大地测量工作，也就是测量子午线。子午线即现在地理学中

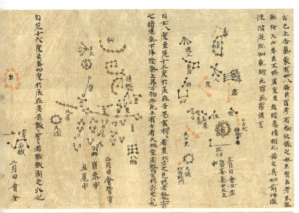

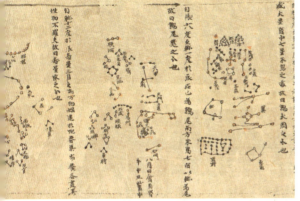

的经线,连接着北极和南极。一行发起的这次天文大地测量行动,规模浩大,也是中国历史上的首次,具有划时代的意义。他选定了十三处测量地点,北到铁勒回纥部(今蒙古乌兰巴托西南),南至林邑(今越南中部)。通过此次测量,一行推翻了自古以来"日影一寸,地差千里"的错误观念,获得了子午线一度弧的长度。

有了以上的准备和实践后,一行开始编写《大衍历》,然而就在同年一行便去世,不过此书已基本完成,遗著经过张说等人的整理后成书。《大衍历》编排结构严谨,对于太阳周年视运动的描述比以往历法更加准确,同时运用了二次不等值间距插值法,这在天文学史上是一个创举。新的历法最突出的优点便在于更加精确,比较准确地掌握了太阳在黄道上的运行速度与变化规律。

一行编制的《大衍历》,在唐代李淳风所定历法的基础上更加精确,使中国古代历法的发展向前迈出了一大步,它作为当时世界上比较先进的历法体系,影响深远。日本留学生曾将此书带回国,在日本广泛流行。

《大日经疏指心抄》书影内页
唐一行撰。通行本为20卷。异本多种,卷数各不相同。崔牧在《大日经序》中说,一行在助善无畏译毕《大日经》后,"重请三藏和尚敷畅厥义,随录撰为记释十四卷"。一行临终时命弟子智俨、温古等改治疏文,更名《大日经义释》。后因传抄有异,经名、卷数遂有不同,理论上并无出入。

688年—763年

大和上（指鉴真）从天宝二载始为传戒，五度装束，渡海艰辛，虽被漂泊，本愿不退，至第六度，过日本卅六人，总无常去退心……经逾十二年，遂果本愿，来传圣戒。

——【日】真人元开《唐大和上东征传》

鉴真东渡日本

在今天日本奈良有一座唐代修建的寺庙——招提寺，寺内的金堂被认为是日本现存奈良时代最为宏大精美的建筑，代表当时最高的艺术成就。在金堂内供奉着一尊塑像，是招提寺的创建者、大和尚鉴真的干漆坐像，这尊栩栩如生的造像与招提寺一起，被尊奉为日本国宝。

主角
鉴真

职业
僧人、医学家、翻译家

主要成就
东渡日本，传播大唐文化；
日本佛教律宗开山祖师；
扬州大明寺住持

宗派
律宗南山宗

封号
传灯大法师

代表作品
《戒律三部经》

律宗大师

鉴真（688年—763年），俗姓淳于，广陵江阳县（今江苏扬州）人。自幼聪慧俊明，气度宏博，用佛家的话说便是有慧根。武周长安三年（703年），鉴真在大云寺当了沙弥，这时他16岁。两年后的中宗神龙元年（705年），他在大云寺受菩萨戒，为鉴真受戒的和尚是道岸律师，这位道岸和尚是誉满天下的"受戒之主"，曾为唐中宗李显受戒。

受戒之后的鉴真便跟随道岸学习律学，又两年

鉴真大师像
这一尊大师像为仿唐招提寺鉴真像制作而成，具有唐代的艺术特征。鉴真身上的僧袈与两袖、膝间飘逸的衣褶，都体现着明显的唐代写实手法。但仍保留着日本原有的一种理想化成分。尽管在性格刻画上还不能与后来的镰仓时代的肖像雕刻相比拟，而形象的生理特征已被艺术家所注意了。故有的学者认为，这一尊鉴真像是日本文化在唐式化过程中的产物。它反映了日本古典美在成熟时期的一些艺术表现，与日本天平时代的雕刻具有许多共同点。

大明寺鉴真和尚纪念堂

位于扬州市古大明寺内，1973年建成，以纪念对中日两国文化交流做出重大贡献的鉴真和尚。由中国著名建筑学家梁思成参照鉴真在日本的主要遗物唐招提寺金堂设计建筑，典雅古朴，保存了唐代的建筑艺术风格。前面是门厅，上悬匾额；中间为碑厅，内立横式纪念碑；后为殿堂，按唐代寺庙殿堂的风格建造，堂内正中为鉴真楠木雕像，仿鉴真圆寂前塑造的干漆夹纻像制作而成，神态安详而坚毅。

之后，他跟随师父来到了洛阳，次年又至长安，两京的游学经历让鉴真的佛学修养更上一层楼。景龙元年（707年），鉴真在长安宝际寺随弘景禅师受具足戒。按照唐朝的规定，只有接受过具足戒的佛教徒才能成为正式的僧侣，并且也具有讲法授徒的资格。之后，鉴真便在长安、洛阳各寺庙潜心修佛，研习律宗学问。

鉴真在研习律学时，不仅苦读律宗经典，而且广泛涉猎他派所长，以此追求佛学的真谛。待到他26岁时，已经学有所成，并开始设坛讲经、弘扬佛法。开元元年（713年），鉴真回到扬州大明寺，开始在他的故乡弘法布道。其后的几十年中，他讲佛法、建寺庙、造佛像，经他剃度得戒的僧侣前后共达4万余人。733年，道岸的弟子义威律师圆寂，鉴真便成为江淮地区远近驰名的受戒大师，被尊为"宗首"。

决心东渡

佛教在6世纪传入日本后，迅速发展壮大，但是因为缺少制度化的约束，此时的日本佛教秩序涣散。隋唐时期中日交流频繁，日本派遣大量的学问僧人来华学习，他们在唐朝找到了规范日本佛教发展的"良方"，那便是受戒制度。日本天平四年、唐开元二十年

鉴真东渡雕塑

唐代鉴真大师赴日，是当时日本朝野瞩目之大喜事，大师赴日，历尽千辛万苦，第五次东渡，为风暴巨浪所阻，滞留国内历时五载，方能重组船队，时鉴真大师已双目失明，仍决心不改，矢志东渡，果得成功，大受日本朝野欢迎。鉴真不仅为日本带去了佛经，还促进了中国文化向日本的流传。在佛教、医药、书法等方面，鉴真对日本都有深远的影响。

（732年），日本政府派遣僧人荣睿、普照赴唐，此行的目的是聘请受戒师。

荣睿、普照在唐朝各地游历近十年，始终未能找到满意的高僧，就在他们准备回国之际，在扬州大明寺遇到了鉴真。天宝元年（742年），荣睿、普照二人前往大明寺拜谒鉴真，准备敦聘他赴日本受戒讲法。鉴真听到他们的请求后，欣然应允，同时又在弟子中挑选了21人，作为随行人员。因为事先并未向官方申请，所以鉴真一行只能"偷渡"，不料被高丽僧人诬告，说是与海盗有勾结，所以一应物资被官府没收，第一次东渡便告失败。

不久鉴真又出资买下一艘军船，准备第二次东渡，同时准备好佛经、粮食等必要物资，天宝二年（743年）鉴真一行百余人从扬州出发，但是还没出长江口便遭遇风暴，船只损毁严重。等船只修好后第三次出发，在舟山群岛附近又遇大风船身撞到暗礁，鉴真等人遇险在孤岛上被困三天后，方才获救，被安置到宁波阿育王寺。在此期间，日本僧人荣睿还曾被官府逮捕，并遭受迫害，尽管如此，荣睿、普照仍决心要护送鉴真东渡，这也让鉴真颇为感动。这次他们准备南下从福州入海东渡，然而就在从宁波去往福州的途中，被官府发现并被遣送回扬州，这样第四次东渡又告失败。

天宝七载（748年），鉴真等僧众及水手三十多人从扬州出发，再次踏上了东渡的征途。然而此行又不顺利，而且更加险象环生。就在他们出海后不久，便遭遇了飓风，船只在大海中漂流了十多日，才到达了陆地——海南岛。五次东渡失败，终于让荣睿积劳成疾，在广东去世，普照也已经离开了鉴真。艰辛困苦让鉴真心力交瘁，他的双眼逐渐失明。此后不久，鉴真最得意的弟子祥彦去世了。这一连串的打击并没有让鉴真退却，更坚定了他要东渡传法的信心。天宝十二载（753年），跟随着返国的日本遣唐使团，经历了五次东渡失败以及四十多日的海上颠簸，鉴真终于成功到达日本。

弘扬佛法

鉴真到达日本的消息迅速传播开来，日本各界为之震动，当鉴真在众人的陪同下来到都城平城京（今日本奈良）时，政府的官员和众多高僧早已在城门前守候迎接。在日本各界人士的簇拥下，鉴真来到了日本最著名的佛教寺院东大寺，被安置在这里休息。

几个月后，鉴真被日本天皇指定"自今以后，受戒传律，一任和上"，并在东大寺筑起了戒坛，准备开始到日本后的第一场受戒仪式。鉴真首先为日本天皇授菩萨戒，其次皇后、皇太子依次上坛受戒。之后，四百余名沙弥及八十余位僧人也随鉴真受戒，这开创了日本佛教弟子登坛受戒的传统。

鉴真在日期间，被天皇授予"大僧都"的职位，传授佛法特别是律学的同时也管理着全日本的僧众，成为日本传戒律的始祖。自此之后，日本佛教的制度和律法逐渐严格完整，鉴真所建立的招提寺也成为日本律宗的大总寺。日本天平宝字七年，唐代宗宝应二年（763年），为传播佛法奋斗终生的鉴真在招提寺圆寂，享年76岁。弟子忍基为鉴真塑造的干漆坐像，至今仍保存在招提寺金堂内，供后人瞻仰。

唐招提寺讲堂
位于今日本奈良市，是日本律宗的总本山。此讲堂是中国唐代高僧鉴真和尚亲手兴建，被列入日本国宝。它原建于8世纪初的平城官中，在建寺时由皇家施舍，后迁入寺内，为平城官留下的唯一建筑物。讲堂内有一尊涂漆加色的弥勒如来佛像，佛像两侧有两个外形似轿的小亭，是当年鉴真师徒讲经之地。讲堂庭院里的藏经室，收藏有1200多年前鉴真从中国带去的经卷。

> **701年—762年**

玄宗度曲,欲造乐府新词,亟召白,白已卧于酒肆矣。召入,以水洒面,即令秉笔,顷之成十余章,帝颇嘉之。尝沉醉殿上,引足令高力士脱靴,由是斥去。乃浪迹江湖,终日沉饮。

——《旧唐书》卷一百九十下《文苑传下·李白传》

"诗仙"李白

"黄河之水天上来,奔流到海不复回",这么大气磅礴的诗句,也就只能出自"浪迹江湖,终日沉饮"的李白之口。同样以"浪漫"著称,相比于一千多年前的伟大诗人屈原,李白更多了一份自信与洒脱。

主角
李白

标签
唐代伟大浪漫主义诗人

主要成就
创造了古代浪漫主义文学、高峰歌行体和七绝,达到后人难及的高度

代表作
《静夜思》《蜀道难》《将进酒》《梦游天姥吟留别》《行路难》等

盛誉
诗仙

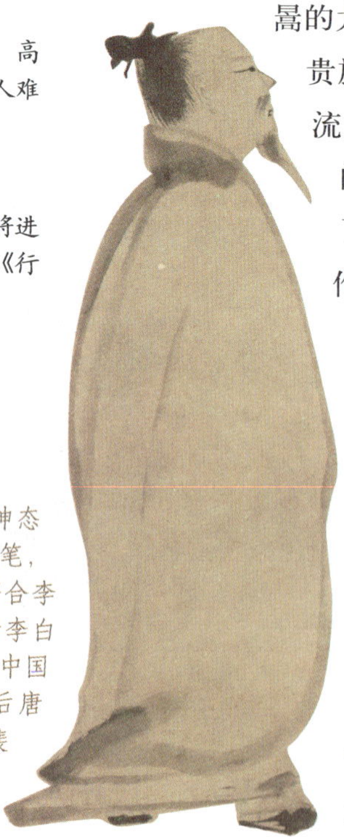

李白行吟图
南宋梁楷绘。图中李白神态安详、自信,衣纹寥寥数笔,线条疏放,极有动感,符合李白孤傲不群的个性。盛唐李白的诗歌艺术成就被认为是中国浪漫主义诗歌的巅峰。后唐文宗御封李白的诗歌、裴旻的剑舞、张旭的草书称为"三绝"。

仗剑入长安

李白(701年—762年),字太白,原籍陇西成纪(今甘肃秦安)。据史书记载,他是凉武昭王李暠的九世孙,所以李白的先祖是显达的贵族。到了李白的四五世祖,因罪被流放到西域的条支。唐中宗神龙年间,父亲李客带着年幼的李白逃到了蜀地,居住在绵州昌隆青廉(又作青莲)乡(今四川江油)。李白自幼便饱读诗书,颇有文才。等到稍微年长,又好任侠,喜好纵横之术,善于击剑,并且轻视财物,对于穷困之人多施舍,很有侠者风范。

20岁时,李白便已游遍蜀地名山大川,但深受地理环境局限的封闭蜀地,已不能满足他的"野心"。开元十三年(725年),李白告别了自己的亲人,走出群

山环绕的蜀地,开始远游四方,仗剑走天涯。他先沿着长江顺流而下,到达金陵和扬州,后又北上入关到了长安。在此期间,李白曾向高官显贵自荐,但并未得到回应,谋求一官半职的想法也逐渐淡化。因为性格豁达,喜好交游,所以认识了许多道士、和尚等隐逸的朋友,还谒见了荆州长史韩朝宗。毛遂自荐时,李白曾写了《与韩荆州书》《上安州裴长史书》等文章,此后数年间,李白的名声开始远扬,他的名字在文人名士间传播开来。

终于,李白迎来了难得的机遇。天宝元年(742年),喜好诗文乐曲的唐玄宗知道了李白的大名,下诏传他入京。于是李白写下"仰天大笑出门去,我辈岂是蓬蒿人"的诗句,意气风发地来到唐都长安。据说李白来到京城之后,首先去拜访了当时的文坛前辈贺知章,而他带去的"礼物"便是千古传诵的《蜀道难》。"噫吁嚱,危乎高哉!蜀道之难,难于上青天!""朝避猛虎,夕避长蛇;磨牙吮血,杀人如麻。锦城虽云乐,不如早还家。蜀道之难,难于上青天,侧身西望长咨嗟!"这样气势豪迈的诗句让贺知章拍案叫绝,称赞不已,并送李白绰号"谪仙人"。这首《蜀道难》确实脍炙人口,直到今日仍传诵不绝。有人称赞它是"奇之又奇",从屈原、宋玉等人之后,还没有见到过这种文风。

唐玄宗见到李白后,甚为礼遇,亲自下车步行迎接李白,就像见到珍玉宝石一般。还以"七宝床"盛着食物赐

唐·李白·上阳台帖
《上阳台帖》为李白书自咏四言诗,也是其唯一传世的书法真迹。《上阳台帖》用笔纵放自如,快健流畅,于苍劲中见挺秀,意态万千。结体亦参差跌宕,顾盼有情,奇趣无穷。

南陵别儿童入京

白酒新熟山中归，
黄鸡啄黍秋正肥。
呼童烹鸡酌白酒，
儿女嬉笑牵人衣。
高歌取醉欲自慰，
起舞落日争光辉。
游说万乘苦不早，
著鞭跨马涉远道。
会稽愚妇轻买臣，
余亦辞家西入秦。
仰天大笑出门去，
我辈岂是蓬蒿人。

——唐·李白

给李白，并亲手调制肉羹让他吃。李白以文学侍从的身份进入翰林院供职，他原本以为这只是暂时的安排，但一段时日之后，并没有什么变化，李白开始感到失望。一次唐玄宗宴请李白，众所周知，李白十分嗜酒，没过多久便酩酊大醉。玄宗命李白当场赋诗，李白竟然要求让当时的权臣高力士为自己脱掉靴

李白醉酒赋诗图

清佚名绘。描绘了入京后的李白对御用文人生活日渐厌倦，在唐玄宗的一次宴会上，喝得酩酊大醉，在接到赋诗之令后，竟然让当时权臣高力士为其脱靴，宠妃杨玉环给自己磨墨，由此可见唐玄宗对其诗才的喜爱。

子，又让杨贵妃给自己磨墨。李白的豪放不羁，让朝臣和宫中的权贵很不满，甚至惹来了嫉恨和谗言。于是性格潇洒的李太白便毅然离去，从此又开始了浪迹天涯的生活。

事了拂衣去

在这之后的远游生活中，李白结识了日后在历史上与他齐名的杜甫，另外还认识了高适，三人游历名胜古迹，"醉眠秋共被，携手日同行"。就在三人行将分别之际，李白写下了《梦游天姥吟留别》。"安能摧眉折腰事权贵，使我不得开心颜！"此时的李白，已经看透了功名利禄，比起向朝廷权贵们阿谀奉承，哪比得上纵情山水之间。看透尘世功名的李白，开始对访仙问道产生浓厚兴趣。

天宝十四载（755年）发生的"安史之乱"是繁荣的唐王朝盛极而衰的表现。政治与民生的动荡不安，让李白对于国家的命运和前途也忧心起来，这一时期他创作出《行路难》。"停杯投箸不能食，拔剑四顾心茫然。"李白的心中充满着迷茫和不安，为了自己，同

时更是为了国家。"行路难，行路难！多歧路，今安在？"前进的道路充满艰难险阻，但是"长风破浪会有时，直挂云帆济沧海"，他认为总有一天能够长风破浪，迎来美好的明天。"安史之乱"后，诗人李白前往庐山躲避战乱，后来阴差阳错被召入永王李璘帐下，永王被唐肃宗击败后，李白自然牵连其中，被投放进牢狱，后又改判流放到夜郎（今贵州桐梓一带）。

乾元二年（759年），还在流放途中的李白被赦免，这让他兴奋不已，写下了"朝辞白帝彩云间，千里江陵一日还。两岸猿声啼不住，轻舟已过万重山"。李白内心的欣喜与畅快溢于言表。三年之后的宝应元年（762年），已经年过花甲的李白在当涂（今安徽当涂县）病逝。一代"诗仙"李白的自然生命结束了，然而他的精神生命才刚刚开始。

春夜宴桃李园图
清冷枚绘。此图根据李白《春夜宴桃李园序》绘制。桃李盛开的春夜，湖水环绕的庭园内，月下士人围桌而坐，挑灯饮酒吟咏作乐，侍者随侍在侧。诗仙李白遂起"秉烛夜游"的雅兴，"会桃李之芳园，序天伦之乐事"。全作着色秾丽，笔墨工整，缀景屋木，绘制精谨。

712年—770年

至于子美，盖所谓上薄风骚，下该沈宋，言夺苏李，气吞曹刘，掩颜谢之孤高，杂徐庾之流丽，尽得古今之体势，而兼文人之所独专矣……诗人以来，未有如子美者。

——唐·元稹《唐故工部员外郎杜君墓系铭序》

"诗圣"杜甫

唐代的诗坛有一对双子星，一颗是李白，另外一颗便是杜甫。杜甫的人生轨迹，与由盛转衰的大唐王朝息息相关，这也造就了诗人忧国忧民的性格。杜甫胸怀家国、心系苍生的情怀，让他获得了"诗圣"的美称。

主角
杜甫

标签
唐代伟大现实主义诗人

主要成就
以诗写史，富时代性

代表作
《杜工部集》《春望》《北征》《三吏》《三别》等

盛誉
诗圣

求取功名

杜甫（712年—770年），字子美，祖籍襄阳（今湖北襄阳），曾祖父在巩县（今河南巩义）做县令，故而举家迁徙至此。祖父杜审言，是初唐著名诗人。唐玄宗先天元年（712年），杜甫在巩县出生。出身于书香门第的杜甫，自幼便饱读诗书，他自称"七龄思即壮"，"九龄书大字"。正所谓"读书破万卷，下笔如有神"，勤思好学的杜甫从小便表现出文学才华。

和李白的经历相似，杜甫在20岁时，开始离开家乡出门远游，此后的十余

杜甫雕像
杜甫（712年—770年），字子美，号少陵野老，一号杜陵野客、杜陵布衣，唐朝现实主义诗人，其著作以社会写实著称。杜甫的思想核心是儒家的仁政思想，他的诗在中国古典诗歌中的影响非常深远，被称为"诗史"，其人被后人称为"诗圣"。在亚洲，甚至美国，杜甫的诗对异国文化都产生了深远的影响。

年间,杜甫游遍大江南北。开元二十四年(736年),杜甫参加科举考试不第,但这似乎并未影响他的雄心壮志,年轻气盛的杜甫又开始游历四方,继续自己的快意人生。此时的唐朝正逢开元盛世,国家的财力和人民的生活都达到了全盛时期,社会风气开放、激扬。就像初登泰山时,杜甫在诗中所写的那样:"会当凌绝顶,一览众山小。"此时不管是个人还是国家,都呈现出一派欣欣向荣的乐观、繁盛气象。

天宝初年,杜甫在东都洛阳与李白相遇,此时李白正离开宫廷,重新回到了自由自在的生活,另外一同游玩的还有诗人高适。杜甫在诗中写道:"忆与高李辈,论交入酒垆。两公壮藻思,得我色敷腴。气酣登吹台,怀古视平芜。"三位意气相投的诗人,寄情山水

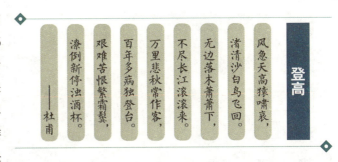

登高

风急天高猿啸哀,
渚清沙白鸟飞回。
无边落木萧萧下,
不尽长江滚滚来。
万里悲秋常作客,
百年多病独登台。
艰难苦恨繁霜鬓,
潦倒新停浊酒杯。
——杜甫

之间,同时又推杯换盏,把酒言欢。

天宝五载(746年),杜甫来到长安,结束了长达十余载的游历生活,同时也揭开了人生新的篇章。古人云"学而优则仕",这也是杜甫的人生理想,他来到京城的首要目的便是求取功名。但是当时的政治环境并不清明,杜甫整日游走在达官贵人的府邸之间,"朝扣富儿门,暮随肥马尘"。尽管有着"致君尧舜上"的远大抱负,但是残酷的现实让他饱尝辛酸,"残杯与冷炙,到处

杜甫故里

位于河南郑州巩义市站街镇南瑶湾村,背依笔架山,是诗圣杜甫出生和少年时期生活的地方。现为河南省重点文物保护单位。

兵车行图

杜甫是唐代伟大的现实主义诗人,他的许多诗篇成为人们创作的主题。现代画家徐燕孙的这幅作品根据杜甫《兵车行》的诗意而作,再现了唐代"安史之乱"的真实情景。画中场面宏大,构图繁复,人物众多。

潜悲辛"。此时的杜甫几乎心灰意冷。在长安待了十年之后,杜甫才得到了一个右卫率府兵曹参军的小职位。

"诗史"传世

滞留长安十载,让杜甫深刻认识到现实是多么残酷,同时也目睹了大动乱来临前社会的乱象。"朱门酒肉臭,路有冻死骨。"悬殊的贫富差距让杜甫心痛。唐王朝为了戍边,大量征发兵役,因此妻离子散、家破人亡的悲剧时有发生。杜甫在《兵车行》中这样描写:"车辚辚,马萧萧,行人弓箭各在腰。爷娘妻子走相送,尘埃不见咸阳桥。牵衣顿足拦道哭,哭声直上干云霄。"伴随着家人的哀咽与哭声,服兵役的男人们被推搡着前往边疆,而等待他们的,恐怕就是死亡。"生男埋没随百草。君不见,青海头,古来白骨无人收。新鬼烦冤旧鬼哭,天阴雨湿声啾啾!"杜甫以写实的笔调和沉重的心情,将这些人间悲剧记录下来,所以杜甫的诗歌也被誉为"诗史"。

天宝十四载(755年),"安史之乱"爆发,伴随着动荡离乱的唐王朝,杜甫的命运也更加跌宕起伏。在叛军的裹挟之下,本来已经离开长安的杜甫又被驱赶回京,经历了叛乱践踏的长安已经是今非昔比,诗人在此写下了千古名篇《春望》:"感时花溅泪,恨别鸟惊心。"至德二载(757年),杜甫冒着危险逃离了长安,来到唐肃宗所在的凤翔,此时的诗人已经是"衣袖露两肘"的窘迫状态,所以也顾不上朝堂

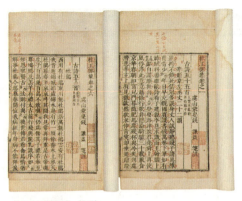

《杜工部集》书影

《杜工部集》又称《杜少陵集》，是唐代诗人杜甫的作品集。《杜工部集》一书共收诗1400多首。宋代王洙取"秘府旧藏"和"通人家所有"的各种杜集，去其重复，录取1405首，又别录"赋笔杂著"29篇，合为20卷，宝元二年（1039年）结集为《杜工部集》20卷。嘉祐四年（1059年）由王琪刊刻于杭州，并撰《杜工部集后记》。

礼仪，只能"麻鞋见天子"。肃宗为杜甫的这种大无畏精神所感动，授予他左拾遗的官职。但是好景不长，毕竟这已经不是皇帝"从谏如流"的时代，任职谏官的杜甫很快就因为说话不当被解职。

乾元二年（759年），杜甫带着家眷南下迁居成都，并找到了一处栖身之所，后世有名的少陵草堂就在此时建成。虽然生活并不富足，甚至还遭遇大风暴致使茅屋破损，"床头屋漏无干处，雨脚如麻未断绝"。但杜甫仍能怡然自得，享受这难得的清净与闲适。之后不久，诗人又在老友严武的府中任工部员外郎的官职，所以才有了"杜工部"的别称。在成都寓居五年后，杜甫告别了蜀地，继续到各地游历，他自称"世事已黄发，残生随白鸥"。被后代学者誉为"古今七律第一"的《登高》也是此时所写。"艰难苦恨繁霜鬓，潦倒新停浊酒杯。"困苦潦倒的晚年生活，山河破碎的家国幽思，让诗人感叹不已。

无处安身的杜甫带着家人四处漂泊，大历五年（770年），诗人乘上了由潭州到襄阳的小船。长年的奔波劳累，终于使杜甫难以支撑，在寒风瑟瑟的初冬时节，诗人在舟中逝世。在生命的最后时光，杜甫写下了这样的诗句："故国悲寒望，群云惨岁阴。""生涯相汩没，时物自萧森。"

杜甫草堂

坐落于成都市西门外的浣花溪畔，是唐代大诗人杜甫流寓成都时的故居。杜甫先后在此居住近四年，创作诗歌240余首。唐末诗人韦庄寻得草堂遗址，重结茅屋，使之得以保存，宋元明清历代都有修葺扩建。今天的草堂占地面积近300亩，仍完整保留着明弘治十三年（1500年）和清嘉庆十六年（1811年）修葺扩建时的建筑格局，建筑古朴典雅、园林清幽秀丽，是中国文学史上的一块圣地。

751年

（高仙芝）将蕃、汉三众万击大食，深入七百余里，至怛罗斯城，与大食遇。相持五日，葛罗禄部众叛，与大食夹攻唐军，仙芝大败，士卒死亡略尽，所余才数千人。

——《资治通鉴》卷二百一十六《唐纪》

绝域之战

世界军事史上有一场被遗忘的战争，发生于8世纪中叶的亚欧大陆东部的怛罗斯城，是此地区最为强大的两个国家唐帝国与阿拉伯帝国（大食）之间的一次较量。虽然此次战争并非官方政府发动的，但它却见证了唐朝与大食在中亚地区的势力角逐。

时间
751年

地点
怛罗斯（今哈萨克斯坦江布尔）

战争双方
唐朝；阿拔斯王朝（大食）

双方指挥官
唐：高仙芝、李嗣业、段秀实
阿：塞义德·本·侯梅德
　　齐亚德·伊本·萨里

结果
阿拉伯成功据守怛罗斯城池，并趁胜追击与葛罗禄挫败唐军

大食帝国

大食即阿拉伯帝国，是波斯语的音译。7世纪初，穆罕默德在阿拉伯半岛创建了伊斯兰教，同时也建立起了政教合一的阿拉伯政权。自此以后，阿拉伯势力逐渐壮大，到白衣大食时代统治地域达到顶峰，其东部的边境到达中亚地区，与隶属唐王朝势力范围的西域地区近在咫尺。

7世纪的中亚地区存在许多小国，大约在6世纪下半叶，中亚诸国臣服于势力强大的西突厥汗国，到贞观六年（632年），西突厥又以唐太宗为"天可汗"，并结成了册封制的宗藩关系。显庆三年（658年），唐朝军队打败了反叛的西突厥阿史那贺鲁政

唐·镶金兽首玛瑙杯
1970年在西安市南郊何家村出土，现藏于陕西历史博物馆。兽首玛瑙杯用绛红地缠橙黄夹乳白色缠带的玛瑙制作，上口近圆形，下部为兽首形，兽头圆瞪着大眼，目视前方，似乎在寻找着什么，兽头上有两只弯曲的羚羊角，而面部却似牛，造型看上去安详典雅，首的口鼻部镶金，更突出了兽首的色彩和造型美。此杯造型仿自西方传统的角杯来通，是中西方文化交流的见证。

古塔拉兹

唐时称怛逻斯,为石国大镇,因与唐朝的怛罗斯之战而著名。元代称塔剌思,并在此屯田,清时归伊犁将军管辖。现为哈萨克斯坦江布尔州首府。

权,将西域地区置于自己的直接管辖之下。中亚诸国的宗主西突厥汗国覆灭后,他们便又向唐朝臣服。既然大食要向东方中亚地区扩张,那么不可避免要与唐王朝发生冲突,而且在怛罗斯之战发生前,大食与唐朝已经有过间接的较量。

大食还未壮大前,它的宗主国是波斯王朝,由于波斯政权连年遭遇内乱,争夺政权的冲突不断,所以昔日的波斯帝国已一蹶不振。大食乘虚而入,在638年攻占了波斯首都泰西封,四年后的尼哈温之战,大食又歼灭波斯军队。651年,波斯王向西逃亡准备投奔吐火罗国。与此同时波斯派遣使者向唐王朝求救,但是唐朝因为路途遥远拒绝了波斯的请求。之后波斯在吐火罗的支持下复国,但是随即又遭到大食的入侵,再次向唐朝求救后,唐朝便在波斯置都督府,开始接管波斯事务。龙朔二年(662年),唐朝宣布立波斯都督为波斯王,支持波斯复国,但之后不久,便又一次被大食所灭。这是针对波斯,唐朝与大食间接产生的力量交锋。另外,7世纪初,在关于中亚小国拔汗那的问题上,以及后来安

唐·彩绘骑骆驼俑

此俑出土于太原市斛律彻墓。骆驼双峰间驮有丝绢、皮囊等物,囊端饰虎头图案,皮囊之上坐有深目高鼻的胡商,头戴圆毡帽,左手紧握缰绳,右手持饼进食。

怛罗斯战役图

在怛罗斯战役后，唐朝与阿拔斯王朝（黑衣大食）之间通商关系，并未受到此战的显著影响，阿拔斯王朝在对华关系方面上与前朝也没有什么改变。

西都护汤嘉惠与突厥施的军事冲突，都是唐王朝与大食帝国的间接较量。

怛罗斯之战

怛罗斯之战，是唐朝与大食之间唯一一次正面交锋，其起因也是因为中亚一个石国（位于今乌兹别克斯坦境内）。天宝九载（750年），安西节度使高仙芝向玄宗上奏，石国没有做到藩国应有的礼节，所以请求讨伐，最终得到朝廷批准。石国得知唐朝军队要攻打自己，立即请和投降。高仙芝佯装与石国约和，然而暗地里带兵袭击，俘虏了石国的国王以及部众。他还不善罢甘休，又将石国不论老幼屠杀殆尽。高仙芝性格贪婪，从石国劫掠宝石十余斛，黄金五六骆驼，其他马匹杂物若干，都尽归自己所有。天宝十载（751年），高仙芝返京入朝，向玄宗献上石国国王等俘虏，因此被加开府仪同三司的衔号。

高仙芝掳掠石国，并俘虏国王，石国的王子逃亡到了中亚，并将高仙芝烧杀掳掠的行径告知诸国国王，这让他们极为气愤，所以决定暗地里引来大食

> **关于造纸术的传播**
>
> 传统史学认为，中国的造纸术是因怛罗斯战役传到中亚，后来再传到欧洲。匈牙利学者亚诺什·哈尔马塔推断，在105年蔡伦改进造纸术后的一个世纪，锡尔河和阿姆河之间的索格狄亚那就已经用纸通信了；到了3世纪，纸张已传入美索不达米亚地区。李约瑟指出早在650年纸张就已经传入中亚的撒马尔罕。美国的达得·亨特则认为到了707年纸张已在阿拉伯半岛麦加被阿拉伯人使用。

在前方开道，这才打开了一条生路，高仙芝也得以逃生。怛罗斯之战就这样以唐军的惨败而告结束。

后代学者一般认为怛罗斯战役的爆发，和高仙芝本人性格贪婪、残暴直接相关，是他挑起了唐朝和大食之间的这次军事冲突。然而正如前文所讲到的，唐朝和大食的碰撞是不可避免的。唐王朝对于自己在西域的势力范围极其重视，一方面将诸多中亚小国纳为藩国，另一反面也频繁出兵干预西域诸国。虽然到了唐代中后期，中原王朝对于西域的控制能力已经逐渐弱化，但当大食的触手伸向中亚地区时，唐朝还是会义无反顾地出兵维护自己的利益。这是怛罗斯之战爆发的根本原因。

军队，进攻唐朝河西四镇。高仙芝听闻此事后，紧急召集由汉人和少数民族民众组成的军队，共计3万人（一说6万、7万），准备抗击大食。高仙芝带领军队向西深入中亚700余里，终于在怛罗斯城与大食军队狭路相逢。怛罗斯位于天山山脉的西北边缘，对中原的唐王朝来说可谓绝域之地。双方大军在此处战斗五天而未见胜负，然而就在此时唐军却后院失火。不知为何，高仙芝所募集军队中的葛逻禄部突然叛变，并与大食对唐军形成前后夹击之势。

高仙芝军队大败，数万军队只剩下几千人，他本人也趁夜间夺路而逃。然而半路上遇到拔汗那军队阻隔，道路险隘，人员和马畜堵塞着难以通过，高仙芝部将李嗣业挥舞着大锤

唐·三彩胡商骑骆驼俑

755年—763年

（天宝十四载）十一月，甲子，禄山发所部兵及同罗、奚、契丹、室韦凡十五万众，号二十万，反于范阳。命范阳节度副使贾循守范阳……诸将皆引兵夜发。

——《资治通鉴》卷二百一十七《唐纪》

安史之乱

承平日久的大唐王朝终究会盛极而衰，在安禄山、史思明及唐大军的铁骑踩踏之下，这个昔日看起来威武雄壮的帝国似乎不堪一击。持续近8年之久的安史之乱，撼动了唐王朝的统治基础，同时也成为唐代历史的转折点。

时间
755年—763年

叛乱者
安禄山、史思明

影响
是唐由盛转衰的转折点；地方割据局面形成之始；经济重心再度南移，南方取代北方的经济地位；陆上丝路逐渐断绝，南方海上丝路取而代之

唐·三彩武士俑
白陶胎，模制。俑头戴盔，身穿甲，腰间束带，肩披膊，两乳及脐部置圆护。下着条纹小口裤，足蹬尖靴，左手叉腰，右手握物，站立于镂空须弥座上。显示出唐代赳赳武夫的形象。阔口大鼻，圆目鼓瞳，形象勇猛。俑身及座施黄、绿、白三彩釉，更显得武俑仪态庄重、威严。

范阳起兵

平定了武韦之祸的唐玄宗即位后励精图治，唐朝国力蒸蒸日上，迎来了开元盛世。但是这样的好景只持续了二十多年。天下承平日久，玄宗以为从此便可以高枕无忧，整日幽居深宫，沉迷于声色犬马之中。因为后宫争斗而专宠的杨贵妃，此时已经成为玄宗唯一关心的对象，国家大权掌握在外戚杨国忠的手中。与此同时，在北方边陲军队中有一个人物也在悄然崛起，他便是安禄山。

安禄山是出生于营州（今辽宁境内）的胡人，本名阿荦山，他的父亲是粟特人，母亲是突厥人，并且是一位巫师，所以安禄山是混血儿。史思明是安禄山的同乡，只比安禄山晚一天出生，两人自幼便关系密切，又以骁勇善战而颇有名气，后来都做了互市牙郎。后来两人投奔幽州节度使张守珪的帐下，安禄山因为屡次立功，颇受赏

识，最后被张守珪收为义子。

安禄山性格狡黠，善于揣测人意，同时又骁勇善战，所以他被屡次提拔，历任平卢兵马使、营州都督、平卢军使。天宝元年（742年），他又被任命为平卢节度使，成了封疆大吏。次年安禄山入朝，玄宗对其很是优待礼遇，为了进一步巩固自己在朝廷中的地位，安禄山甚至让杨贵妃收自己为次子。一年之后的天宝三载，安禄山兼任范阳（幽州）节度使，深受唐玄宗信任，恩宠也与日俱增。

身兼范阳、平卢、河东三镇节度使的安禄山手握重兵，他其实早已有了造反的心思，所以表面上对玄宗阿谀奉承，暗地里却厉兵秣马。本来他是准备等玄宗死后便发兵作乱，然而朝中宰相杨国忠却一直想除掉他，这在很大程度上刺激了安禄山。天宝十四载（755年）十一月九日夜里，安禄山调集手下兵力及同罗、奚、契丹、室韦等少数民族的军队，共计大军15万，号称20万，并宣布在范阳起兵反唐。天亮之后军队在蓟城（今北京）南门外集结，以讨伐杨国忠为名义出师南下。

攻陷两京

安禄山反叛的消息传到京城后，唐玄宗大惊失色，但是杨国忠却信誓旦旦地说：“现在反叛的不过安禄山一个罢了，将士们都没有反心，过不了多少天，安禄山必然会被斩杀。”玄宗听后

唐玄宗宠幸番将
出自16世纪《帝鉴图说》。唐史记载唐玄宗曾提拔番将安禄山为范阳节度使，掌握了这一重要地区的政治、经济、军事等大权。安禄山是个胖子，坐下时，肚子上的肥肉都能垂到膝盖上。表面上看去，一副憨直豪爽的样子，实际上却内心极其狡诈。一次，玄宗曾指着他的肚子开玩笑说：“安禄山小儿，你的肚子这么大，里面都装了些什么东西！”安禄山回答道：“再没别的东西，只有一颗精忠报国的赤胆忠心。”玄宗听了十分高兴，特令允许安禄山可以随便出入宫中。一天，安禄山进宫，正遇到玄宗与杨贵妃在一起，他深知玄宗十分宠爱杨贵妃，行礼时，故意先拜了杨贵妃，再拜玄宗，不想马屁没拍好，玄宗面呈不悦，问：“你这是什么意思？”安禄山吓了一跳，眼珠一转连忙回答：“我们胡人的风俗都是先敬母后敬父。”玄宗没能及时识破他的狡诈，反而对他更加喜爱了。又一次，玄宗在勤政楼设宴，请文武百官吃饭，特意为安禄山在玄宗御座包厢的东角用金鸡彩帐隔开了一个专座，吃饭时，命人将隔帐卷起，以此让百官看看他对安禄山的特别宠幸。

也信以为然,但他同时也采取了对策。命令特进毕思琛前往东京洛阳,金吾将军程千里前往河东,各自招募军队数万人。又命安西节度使封常清为新的范阳、平卢节度使,亦赴东京驻守,同时募集军队六万人。

安禄山带领军队出幽州南下,一路上势如破竹,唐朝地方军队根本不堪一击。叛军经过的州县,其官员和军队都望风而逃,有的甚至开城门迎接叛军,有的便提早弃城逃窜。仅仅一个月后,安禄山大军便渡过黄河逼近东京洛阳,驻守东京的封常清虽然顽强抵抗,然而军队都是新募集来的,并无作战经验,自洛阳以东的武牢关节节败退,很快洛阳失守。安禄山占领洛阳后,在东京称帝为大燕皇帝。封常清一路退守至陕州,原镇守陕州的高仙芝则退至潼关。

潼关是长安的最后一道防线,唐军将领哥舒翰准备东进收复洛阳,却在潼关以东不远的灵宝遭遇叛军,唐军溃败。至德元载(756年),叛军攻克潼关,向西入关很快占领唐朝都城长安。安禄山只用了半年时间,便攻陷唐朝两京。

玄宗蒙尘

得知安禄山叛军入关后,玄宗惊慌失措,他急忙召集文武官员,带着禁军及杨贵妃等一众宫人,放弃长安向西逃去。逃至咸阳望贤宫后,发现县令都已经不见踪影,玄宗下令征召,但是没有人响应。一路上都未进食,杨国忠便为玄宗买来胡饼充饥,民众也都纷纷献

杨妃上马图卷

元钱选绘。此卷绘唐玄宗与贵妃杨玉环上马的情形。玄宗骑照夜白,侧面望着贵妃,贵妃旁有两侍女协助。图中共绘14人,皆着唐装,人物身形饱满,姿态、动作各不相同。衣纹线描工整,连绵转折,顿挫有力,皆为游丝描。敷色虽艳丽而又雅洁清润,画人物不着背景,也是受唐代绘画的影响所致。

唐·姚汝能·《安禄山事迹》内页

全书三卷,记述了安禄山出生到至德二年(757年)被杀,兼及安庆绪和史思明父子事。"安史之乱"是标志着唐代盛衰的转折点。此书中有不少内容为正史所不载。如玄宗数次所赏给安禄山的各类物资名目,以及安禄山恃宠纵恶在河北潜谋作乱等具体情节,都值得重视。该书所记无疑是研究安史乱事以及唐玄宗时期东北边防状况的重要资料。

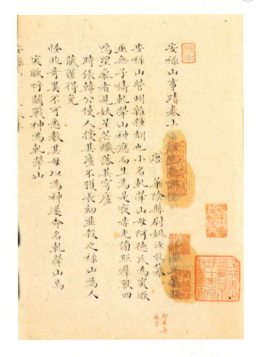

上粗粮饭。在狼狈不堪之中,玄宗一行继续向西逃亡。

　　一行人到了马嵬驿(今陕西兴平西北)后,随行的将士们饥渴难耐,加之连日奔波,早已经疲惫不堪。就在此时禁军突然发动兵变,他们认为导致今天这种后果的,都是因为杨贵妃让玄宗不思朝政,并且杨国忠阿谀弄权。禁军将领陈玄礼果断地斩杀了杨国忠及众位后妃,又迫使唐玄宗下令,让杨贵妃自缢。之后,皇太子李亨驻守关中,玄宗则在将士们的护卫下入川逃亡成都。

　　留守的李亨本想夺取长安,未果后又北上把军队驻扎在灵武(今宁夏灵武市),不久后便在此地宣布即皇帝位,改年号为至德,是为唐肃宗。之后他才派遣使者前往成都,告知玄宗此事,并将其尊奉为太上皇。此时的玄宗已经是七十二岁高龄,经历了痛失爱妃和连日逃亡,他已经心力交瘁。

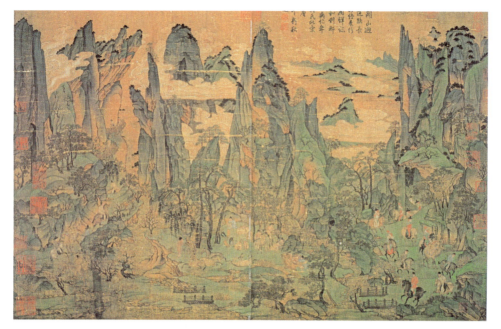

唐·无款·明皇幸蜀图
此图描绘的是唐玄宗避难入蜀这一历史题材,画家巧妙地把一群负管行李的侍从安排在画幅中心,人马都在休息,布置了一个有趣的"歇晌"场面,把骑马正要过桥的唐明皇及他的嫔妃、随从压缩在画幅的右角,使画面充满了愉悦、轻松的气氛,巧妙地回避了当时唐明皇所面临的严酷现实。

平复叛乱

至德二载(757年),新即位的唐肃宗命郭子仪率军攻取河东,此时唐军已经进入了长安。占领了长安的安禄山叛军日夜纵酒,毫无半点戒备之心,这给唐军反扑提供了机会。次年九月,郭子仪带领15万大军在沣水之东与叛军展开激烈交锋,最终取得胜利,成功收复长安。唐军趁势继续东进,准备攻取东京洛阳。而此前不久,在洛阳称帝的安禄山却因为继承人的问题导致内乱,最终被其子安庆绪所杀。当唐朝大军直指洛阳时,安庆绪便带兵向东北逃窜,唐军很快也收复了洛阳。

当初安禄山起兵时,亲信史思明被安排留守范阳大本营。此时叛军首领安禄山已死,唐朝军队也全力反扑,所以史思明便带兵从范阳南下,在邺城(今河南安阳)与安庆绪部会合。乾元二年(759年),唐军与史思明军队在邺城展开激烈战斗,虽然最后唐军失利,但叛军内部也出现争斗,史思明杀了安庆绪,自己成为大燕皇帝。不久史思明率军南下,再次攻占了洛阳,但被自己的长子史朝义发动兵变杀死。

宝应元年(762年),唐代宗即位,随即开始了对叛军的全面反攻。首先收复了洛阳,然后一鼓作气,乘胜追击,走投无路的史朝义一路北逃,最后在范阳附近自杀。持续了近8年的"安史之乱"至此宣告结束。

唐·三彩胡人俑

俑头戴幞头，身穿开领长袍，双手做持物状，足蹬长靴，站在长方形平板上。深目高鼻，浓密的胡须，是典型的胡人形象。头部、足部未施釉，仅服装上用黄绿二色装饰，显得高贵华丽。唐代大量的胡人涌入中原，或经商，或步入仕途，或为将领戍守边关，成为中国历史上一道独特的风景。

生灵涂炭

突然爆发的"安史之乱"，给处于全盛时期的唐王朝以重创。惨烈的战争致使国家人口大量减少，天宝十四载（755年），户部统计全国户数八百九十余万，到了"安史之乱"后六年，即760年，国家控制的户数减少至一百九十余万。当然这个数字未必精确如实，但国家人口锐减却是不争的事实。战争需要数以百万计的士兵，朝廷持续不断地抓取壮丁，必然导致人口数量下降。

战争的另一个直接后果便是经济衰退，唐肃宗、代宗之时之所以能够勉强维持，并逐渐实现中兴，全仰仗江南地区的财富。经历过战乱的北方，特别是河北、关中地区，农田荒废，百姓犹不能自给，当然无法承担起国家的赋税。而江南地区倾力支撑中央财政，也遭受到巨大压力。

当然"安史之乱"还有更加深远的影响，如此后宦官掌握了中央禁军的兵权，同时周边少数民族的势力也有机可乘。唐肃宗在平定叛乱时，请求回纥派兵相助。回纥军队趁机在长安和洛阳这两个北方最为富庶之地，进行了大规模的烧杀抢掠。唐朝虽然收复了京城，但这也只是个象征，其中毫无生气可言，财宝、粮食更是在经历两次大洗劫后，变得空无一物。总之，"安史之乱"使得唐王朝元气大伤，再也不可能恢复到开元天宝的盛世局面。

杨贵妃墓

755年—757年

禄山之乱，巡为真源令……时吴王祗为灵昌太守，奉诏纠率河南诸郡，练兵以拒逆党，济南太守李随副之。巡与单父尉贾贲各召募豪杰，同为义举。

——《旧唐书》卷一百八十七下《张巡传》

张巡守睢阳

"安史之乱"爆发后，虽然很多地方官员和将士都作鸟兽散，但同时也涌现出许多忠义之士。他们不畏安禄山的金戈铁骑，对叛军奋勇抵抗，誓死守卫城池。张巡便是其中的代表，他率领军民坚守睢阳，浴血奋战，使安禄山叛军不得南下。

时间
755年—757年

主角
张巡

成名之战
睢阳保卫战

意义
阻挡了燕军南下，保全了富庶的江淮地区；牵制了燕军，为唐组织战略反攻赢得了时间

雍丘抗敌

安禄山占领洛阳后，便派军队沿着大运河南下，准备夺取唐朝的漕运线，攻占淮扬地区。从隋代到唐中期，江南扬州一带已经成为国家重要的经济区，不仅是农业主产区之一，而且其工商业更是富庶繁荣，堪称唐朝的经济命脉。如果安禄山军队到达江南，势必一番烧杀抢掠，这对于唐朝的经济发展将会产生致命的打击。幸运的是，叛军在睢阳遭到了顽强抵抗，南下的企图最终未能得逞，史称"睢阳之战"，这场战役的唐军主将便是张巡。

张巡（708年—757年），蒲州（今山西永济）河东人，他的兄长张晓，在唐开元年间做过监察御史。兄弟二人都以能做文章而知名。张巡聪悟并且有才干，考中了进士，又三

张巡像
张巡（708年—757年），唐玄宗开元末年进士，"安史之乱"时，起兵抵抗叛军。用兵灵活，不拘泥古法，善于临敌应变，出奇制胜。睢阳之战终因外无援兵、内无粮草而被俘遇害。

唐·三彩马

此马身躯强壮，四肢劲健，抬头站立做长嘶状。马体施蓝釉，釉色明润，白色鬃毛在颈部披拂，颇具动态美。马背上有绿色鞍具，并有黄绿色杏叶形装饰物，装饰华丽。这种通体施蓝釉的三彩马十分少见，显得生机勃勃。

次以书判拔萃科入选。天宝年间，张巡被授予清河令的官职。他任官期间有能力且远近闻名，非常重义，崇尚气节，若有人因为困窘来向他求救，他必定倾尽全力来帮助。

安禄山叛乱之时，张巡正任职真源（今河南鹿邑）县令。他说服了谯郡（今河南商丘）太守，让其保全城池，并招募城中人士共同抗敌。当时吴王李祗为灵昌（治所在今河南滑县）太守，奉诏召集河南诸郡兵力，一同抵抗叛军，济南太守李随为副将。张巡也和单父（今山东单县）县尉贾贲募集豪杰之士，参与到抵抗安禄山叛军的浪潮中。

当时的雍丘（今河南杞县）县令令狐潮想要出城投降，但是城中百姓官员都不听从他的命令，令狐潮便将反对者捆绑起来准备斩杀。就在此时叛军兵临城下，令狐潮又急忙出城迎战，这些被捆的军民便解开绳索，然后关闭了城门，让正在城外的令狐潮不得入内。紧接着他们通知了贾贲和张巡，让他们来支援。张巡带领士兵进入雍丘，杀了令狐潮的妻儿，然后团结城中民众守备应战。这时令狐潮已经投降叛军，并且和敌将李廷望攻打雍丘城，战事持续数月，叛军的军力也消耗了大半。安禄山见战况胶着，便将主力军调到雍丘城北，在此筑城墙堡垒，意图切断雍丘城中的粮食补给。至此雍丘城内外隔绝，两军又相持数月，叛军的势力更加锋锐，但是城内张巡率领的军民日益困窘。

坚守睢阳

张巡坚守了一年，但雍丘毕竟是小城，储备不足，终究会失守。正好这

睢阳浴血图

现代画家杨苇绘。此图再现了睢阳之战中睢阳守军和安禄山叛军作战的情景，衣着盔甲，人物相貌，栩栩如生。

时独自在睢阳抵抗叛军的太守许远传来书信，让张巡帮助自己守城。张巡便暂时放弃了雍丘，率领残部至睢阳，与许远会合。

至德二载（757年），远在成都的玄宗听闻了张巡的义举，便授予他主客郎中、兼御史中丞的官职。此时攻打睢阳城的叛军主将为尹子奇，许远召来了张巡后，知道他善于用兵，便将守城的指挥权交给了张巡。但是睢阳也已经被围困了一年多，城中储粮严重不足，甚至出现了易子而食的惨烈局面，人心惶惶。张巡为了提振士气，稳住局面，便毅然将自己的小妾在三军面前杀死，然后让士兵烹煮分食，他这么做只是为了坚定士兵们的信念。

张巡眼看着睢阳难以坚守，便派遣帐下的南霁云夜里出城，去向重兵镇守临淮的贺兰进明求援，但是贺兰进明整日与诸将宴饮作乐，丝毫没有出师援助的意思。南霁云没有借到援兵，心中万分悲痛，便咬下自己的一根手指以名其志。他回到睢阳后，城中军民知道并没有搬到救兵，哀痛不止。

同年十月，睢阳城陷落，张巡与许远、南霁云等人都被叛军俘虏。在最后一役中，张巡神色慷慨，每次与敌军交战都要大声嘶吼，咬牙切齿，恨不能

杀尽叛军。城池将要陷落之时,张巡对着皇帝所在的西方,跪拜在地上说:"臣下我的智谋和勇气都消耗殆尽了,不能够遏制敌军,保守孤城。但是就算变成鬼,也发誓要与敌军战斗,以此答谢皇帝的恩情。"尹子奇钦佩张巡的忠义,想要以礼待之,但身边人说:"此人坚守忠义,必定不会为我所用。并且他素来深得军士之心,不可久留。"被俘当天,张巡和南霁云便被叛军杀害。虽然最终睢阳失守,但张巡等人的顽强抵抗成功阻止了叛军南下的步伐,江南地区也得以保全。

其实,在"安史之乱"中还涌现出许多英勇之士,除张巡外,还有青史留名的颜真卿、颜杲卿兄弟。安禄山势如破竹南下的过程中,于河北平原郡遭到顽强抵抗,官任平原太守的颜真卿召集勇士数千人誓死抗击叛军。这件事不久便传遍了被叛军占领的区域,唐玄宗也知晓此事,颜真卿的英勇行为鼓舞了唐朝将士及民众的士气。同时,假装投靠安禄山的颜杲卿也举兵反叛,与堂弟颜真卿形成夹击之势,共同抗击安史叛军。最后颜杲卿被安禄山杀害,英勇就义。

张巡祠
张巡祠坐落在商丘古城南门外,是为纪念"安史之乱"中为保卫睢阳而殉难的张巡、许远等人所建。祠内有唐代"安史之乱"时因守睢阳而殉国的张巡之墓。

少年中国史

藩镇林立的中晚唐时局

唐代中央朝廷设置藩镇，原本是为了加强边境区域的军事防御。开元二十一年（733年），全国被重新划分为十五道，每道置采访使，而边境诸军事重镇则设置节度使。

这些藩镇将领平日没有战事之时，占据着险要之地，同时也控制着一方的赋税和人民，其手下兵士更是装备精良，训练有素。

藩镇中势力最强的要属河北三镇，分别为卢龙（幽州）节度使、成德（恒冀）节度使、天雄（魏博）节度使。这些藩镇节度使在自己辖区内称王称霸，他们有自己的亲兵——"牙兵（衙兵）"，同时对手下的官吏具有任免权，所统属的州郡赋税大部分归藩镇所有。所以藩镇在军事和财政两方面，制约着中央的权力。

红线盗盒

现代画家任率英绘。故事为魏节度使田承嗣欲吞并潞州节度使薛嵩之地，薛侍女红线有剑术，自告奋勇，前往田处刺探，盗田金盒而返，田遣兵追之，为红线所败。红献盒于薛，薛乃修函附盒还于田。田惊，知薛有强将，非敌手，乃与薛修好。

唐·敦煌壁画《张议潮出行图》（局部）
唐宣宗大中二年（848年）沙州人张议潮率河西各族推翻吐蕃贵族的统治，受唐朝册封为河西十一州节度使。此局部描绘的是骑兵仪仗和军前乐队一部分，剽悍的骑兵环护着旌节，那是皇帝敕封的标志。

此外原本安禄山原任的平卢节度使，在"安史之乱"后由顺从唐朝的侯希逸任此职。他在宝应元年（762年）将军队由原来的营州（今辽宁境内）迁到了山东青州，并且在此地独霸一方，与河北三镇遥相呼应。除了以上河北、山东地区的藩镇外，襄阳（今湖北境内）的山南东道节度使，汴宋（今河南境内）的淮西节度使等，都不服从唐王朝管辖，造成地方割据之势。加之唐代宗、德宗时期还大量在全国各地派驻节度使、观察使、经略使，于是在唐代中期藩镇割据的局面形成。

分布在各地的藩镇势力不但与中央抗衡，在地方上也残暴横行，严重危害人民生活。

唐代藩镇疆界图

藩镇，亦称方镇，是唐朝中后期设立的军镇。藩是"保卫"之意，镇是指军镇，唐代朝廷设置军镇，本为保卫自身安全，唐玄宗时为防止边陲少数民族的进犯，大量扩充防戍军镇，共设九个节度使和一个经略使。"安史之乱"后，藩镇成为唐政府对抗边犯的重要屏障，"大者连州十余，小者犹兼三四"，藩镇和皇室、宦官之间构成错综复杂的关系，藩镇"喜则连衡而叛上，怒则以力而相并"。

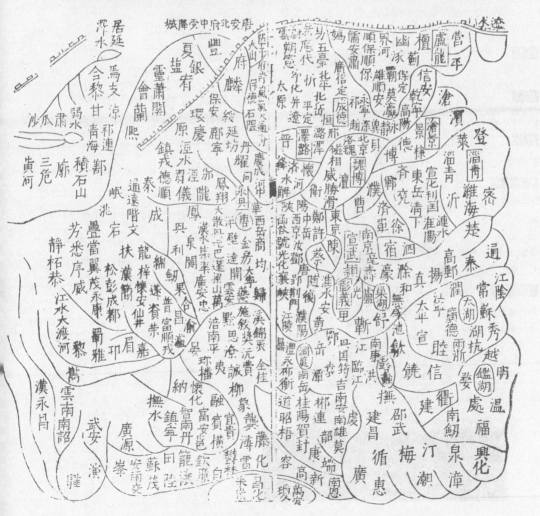

> 697年—781年

天下以其身为安危者殆二十年。校中书令考二十有四。权倾天下而朝不忌，功盖一代而主不疑，侈穷人欲而君子不之罪。富贵寿考，繁衍安泰，哀荣终始，人道之盛，此无缺焉。

——《旧唐书》卷一百二十《郭子仪传》

功盖一代的郭子仪

唐朝平定"安史之乱"，郭子仪可谓居功至伟。他带兵南征北讨，收复两京，确保了大唐社稷的稳固。其后又防卫疆土，震慑边关，使得想要进犯的敌人闻风丧胆。他权倾天下，虽屡受谮毁而忠心不改，不愧为四朝元老，良将忠臣。

主角
郭子仪

职业
政治家、军事家

爵位
代国公、汾阳郡王

主要成就
平定"安史之乱"，收复长安、洛阳；击败吐蕃、党项的入侵

后世演绎
醉打金枝
单骑退回纥

领兵平叛

郭子仪（697年—781年），华州郑县（今陕西渭南）人，父亲郭敬之历任五州刺史，家世显贵。子仪身高六尺（约180厘米）有余，身强体壮、相貌出众，考中武举之后便任左卫长史的官职，后一直充任诸军的军使。天宝八载（749年），朝廷在木刺山置横塞军及安北都护府，并命郭子仪为长官，加封左卫大将军。天宝十三载（754年），又兼任九原太守、朔方节度右兵马使。

郭子仪像
郭子仪（697年—781年），华州郑县（今陕西渭南）人，祖籍山西太原，唐代政治家、军事家，一生平定"安史之乱"等诸多乱事，历事玄、肃、代、德四帝，封汾阳郡王，世称郭令公。在平定"安史之乱"的战争中，郭子仪指挥或参与指挥了攻克河北诸郡之战、收复两京之战、邺城之战等重大战役；"安史之乱"后，他击退吐蕃，二复长安，说服回纥，再败吐蕃，威服叛将，平定河东。他戎马一生，功勋卓著。史书称他"再造王室，勋高一代"。

李光弼像

李光弼（708年—761年），营州柳城（今辽宁朝阳）人，契丹族，唐代著名将领。天宝十四载，安禄山反，郭子仪为朔方节度使。次年，被子仪荐为河东节度使，又加河北采访使，肃宗即位，授户部尚书，同中书门下平章事兼节度使。平"安史之乱"，与郭子仪齐名，世称"李郭"。代宗朝封临淮郡王。

天宝十四载（755年），安禄山反唐。十一月，朝廷以郭子仪为卫尉卿，兼灵武郡太守，充任朔方节度使，以自己手下的军队东出征讨叛军。郭子仪从此开始了持续数年的平叛之路，他不愧为骁勇善战的武将，出兵首战告捷。首先斩杀了敌将周万倾，继而又击败安禄山派来的大同军使高秀岩，收复云中马邑，打开了东陉这条重要的通道，使得唐军能够直往河北。朝廷因此加封郭子仪为御史大夫。次年二月，郭子仪听闻在河北抗敌的颜杲卿不幸被俘，遂前往支援，他和河东节度使李光弼联手，攻下井陉和常山郡（今河北正定），在九门大破贼军，生擒叛军将士四千，最后也都释放，可见其胸怀之大度。

就在郭子仪从九门还师常山时，敌方史思明率领数万大军尾随于后，且步调一致，估计是在伺机而动。郭子仪当机立断，挑选了骁勇的骑兵五百人前往挑战，三日后到达行唐（今河北石家庄境内），敌方已疲惫不堪，便急忙撤军。郭子仪趁势追击，大败史思明军队于沙河（今河北沙河市）。安禄山听闻史思明又被击败，便继续加派精兵支援，当郭子仪军队到达恒阳时，叛军也尾随而至。这时郭子仪采取了灵活的战术，先是坚壁防卫，当敌人来犯时防守，待敌人撤退时又追击，白天整顿休息，至夜幕降临又奇袭敌营，这样的战术让叛军疲于应付。数日之后，郭子仪成竹在胸地说："贼人已经疲惫不堪，可以大举进攻了！"六月，两军在嘉山对阵，郭子仪、李光弼全力进攻，斩杀敌军4万余人，生擒5000人，缴获马匹5000匹，叛军一败涂地，史思明狼狈逃窜到博陵（今河北安平县附近）。经此一战，唐军士

免胄图卷

传北宋李公麟所绘《免胄图》卷，又名《郭子仪单骑见回纥图》，落款"臣李公麟进"，《石渠宝笈续编》著录。此卷描绘唐代名将郭子仪说服回纥大破吐蕃一事。唐代宗广德二年（764年），回纥、吐蕃西域诸国数十万大军，入侵长安，郭子仪亲赴敌营，说服回纥将领退兵。

气大盛，河北地区十多个郡都奋起反抗叛军。

收复长安

就在同一月，哥舒翰镇守潼关失利，本已占领洛阳的叛军西向入关，长安不久也沦陷。至德二载（757年）三月，郭子仪南下进攻潼关，进而又追击叛军并收复蒲州。同年九月，唐肃宗在取得回纥的支持后，准备发兵夺取两京，大军临行前，肃宗对主帅郭子仪说："成败在此一举。"子仪便立下军令状，说道："这次若不能成功，臣必以死谢罪！"

元帅广平王李俶、副元帅郭子仪率领蕃汉军队共计15万，同时回纥也遣兵4000人相助。就在长安西边的香积寺附近，与叛军相遇，两军摆开阵势，王师大军横亘30里，在此展开激烈战斗。初战不利，之后李嗣业奋力突击，加之回纥骑兵从敌后夹击，叛军立时溃败，此战斩杀敌军6万余人。安禄山手下镇守长安的将军张通儒，听闻己方大败，连夜逃奔到了陕州。于是长安便顺利收复。

正气凛然

因为郭子仪带兵东征西讨，被叛军占领的河南、河北、河西地区陆续失而复得，被唐肃宗加封为司徒。郭子仪班师凯旋将要入朝，肃宗派遣仪仗队在灞河上迎接，并且对他说："我虽然是国家的君主，但这江山却是由爱卿你再造！"这样一个忠心耿耿，在战场上浴血奋战的大将，却在朝廷中屡次受到宦官的谮毁。

乾元元年（758年），肃宗命九节度使合力讨伐安庆绪叛军，宦官鱼朝恩为宣慰使。次年与叛军在安阳黄河以北交战，最后失利撤军。鱼朝恩却把罪责都推到郭子仪身上，最后导致肃宗夺去了郭子仪的兵权。后来郭子仪又遭到宦官程元振的诬陷。虽然他连续被佞

郭子仪上寿图

清官刺绣，描绘的是郭子仪六十大寿时儿孙满堂的盛况。当时他已经有100多个孙子，自己都不能完全认识。8个儿子7个女婿都是高官，均得以保全非常难得。

臣宦官程元振、鱼朝恩百般诋毁，但郭子仪手握重兵，当时朝廷正面临强敌，所以当皇帝征召，他总是毫不犹豫便出征应战，所以谗言和诽谤并没有得逞。

唐代宗大历元年（766年），郭子仪父亲的墓被盗掘，抓捕很久都没破案。身边人都觉得鱼朝恩素来嫉恨郭子仪，所以怀疑是他指使人干的。郭子仪对此也了然于心。待到他带兵从泾阳回京，朝中上下都以为郭子仪将要造反，官员们忧心忡忡。郭子仪面见皇帝时，代宗对他说了朝臣们的疑虑，郭子仪听后哭着说道："臣掌管军队已经很久了，然而不能禁止暴乱之事发生，军士们残害别人的坟墓这种事也经常发生。这是因为我不忠不孝，所以才招致天谴，并非是人为的啊！"自此朝廷上下才安心。

现存的唐德宗崇陵翼马

建中二年（781年），郭子仪患重病，不久后便去世，享年八十五岁。新上任的德宗听闻后万分悲痛，罢朝五日，并下诏书颂扬郭子仪作为四朝柱石的丰功伟绩，赠官太师，特许陪葬建陵。

郭子仪逸事

郭子仪的后代共有五位唐代驸马。分别是儿子郭暧（娶唐代宗之女升平公主）、孙子郭鏦（郭暧之子，娶唐顺宗之女汉阳公主李畅）和郭鏚（郭暧之子，娶唐顺宗之女西河公主）、曾孙郭仲恭（郭暧之子郭钊的长子，娶唐穆宗之女金堂公主）和郭仲词（郭仲恭之弟，娶唐穆宗之女饶阳公主）。另外还出过一位皇太后，即孙女郭贵妃（郭暧长女）。

郭子仪第六子叫郭暧，唐代宗时驸马，娶升平公主。大历二年（767年），郭暧与升平公主吵架。郭暧说："皇帝有什么了不起，我父亲只是不想做天子！"把公主骂回皇宫，代宗安慰升平公主，叫公主回家去。郭子仪知道后，气得把郭暧囚禁起来，等待代宗治罪。唐代宗安慰郭子仪说："俗话说'不痴不聋，不作家翁'，小两口在私房里吵嘴，咱们当亲家的，怎能当真呢！"请罪回家后，郭子仪痛打乱说话的郭暧一顿。

805年

（永贞元年正月）甲子，上御丹凤门，赦天下，诸色逋负，一切蠲免，常贡之外，悉罢进奉。贞元之末政事为人患者，如宫市、五坊小儿之类，悉罢之。

——《资治通鉴》卷二百三十六《唐纪》

永贞革新

持续近8年的"安史之乱"给唐王朝以沉重的打击，历史也从这里改变。德宗时期外有藩镇林立，内有宦官弄权，内忧外患围扰着这个昔日强盛的帝国。初登皇位的唐顺宗深感时弊，决心改革，史称"永贞革新"。

时间
805年

主推者
唐顺宗

目标
打击宦官势力、革除政治积弊

措施
罢宫市五坊使、取消进奉；抑制宦官势力，收回国家军权；抑制藩镇势力，重建中央集权；惩贪鄙，用贤能，免苛征，恤百姓

顺宗新政

贞元二十一年（805年），德宗病逝，皇太子李诵在太极殿即位，是为唐顺宗，改元永贞。其实在贞元二十年，顺宗便不幸中风，自是口不能言。德宗病重之时，诸王亲贵戚都侍奉汤药，但顺宗身体不便不能亲自侍奉，这让他颇为感伤。德宗在弥留之际心中挂念太子，流涕哽咽不能自已。顺宗即位后，强撑着身体参加父亲的葬礼，并且在九仙门（大明宫西北门）面见朝廷百官，大臣们知道皇帝能继承社稷，内外众人才心安。

顺宗还是太子时便意识到国家积弊良多，但是继承帝位的他行动不便，所以想要有所作为只能寻找得力的助手，翰林学士王叔文、王伾等人便充当了顺宗左膀右臂的角色。此年二月，擢升太子侍书、翰林待诏王伾为左散骑常侍，以司功参军、

唐·葡萄纹镜
圆纽，八瓣葵花形。纽周围对称饰葡萄纹和花卉纹，纹饰为浮雕，颜色鲜亮，犹如新铸。现藏于美国弗利尔美术馆。

翰林待诏王叔文为起居舍人,并充任翰林学士。翰林学士本是朝廷中的文学之士,担任着皇帝智囊和顾问的角色,此时顺宗将他们作为自己意志的传达者,以此来推行革新。同时,王叔文还提拔外朝官韩泰、柳宗元、刘禹锡等人作为自己的助手,巩固革新势力的队伍。

革除旧弊

德宗时期皇室用品采购实行宫市制度,在皇宫中设立市场,有专门的官吏主管,允许部分商人和老百姓将要出售的物品带到宫市中,主管者按照物品的价值给予钱财。然而当主管官吏任用宦官后,宫市的性质大变,不但压低市价,有时甚至公然掳掠,严重影响了正常的市场秩序,并且损害到民众的利益。更有甚者竟然直接到长安市场中随意索取,声称是宫市所买,售卖的商人也只能拱手奉上,他们经常用百钱便强买到价值千钱的物品。宫市制度让民众苦不堪言,并且怨声载道,所以顺宗上位后第一件改革的弊政便是罢宫市。

与此同时,顺宗还罢除了五坊小儿。五坊指长安坊市中专门为皇帝打猎驯养鹰犬的区域,包括雕坊、鹘坊、鹞坊、鹰坊和狗坊,五坊中的低级管理人员被称作五坊小儿,他们多为游手好闲的市井无赖。贞元末年,五坊小儿常在闾里街巷中张网捕鸟雀,行为十分蛮横,并且索取百姓财物。

刘禹锡公园
刘禹锡公园位于郑州荥阳檀山岭上,是一座以唐代诗人刘禹锡诗词文化为主体、充分融合园林艺术的开放性公园。

《卖炭翁》节选

可怜身上衣正单，
心忧炭贱愿天寒。
夜来城外一尺雪，
晓驾炭车辗冰辙。
牛困人饥日已高，
市南门外泥中歇。
翩翩两骑来是谁？
黄衣使者白衫儿。
手把文书口称敕，
回车叱牛牵向北。
一车炭，千余斤，
宫使驱将惜不得。
半匹红绡一丈绫，
系向牛头充炭直。
——唐·白居易

有甚者竟在居民宅院门口张网，不许人们出入；有的小儿把网张在井口，不让人们汲水，若有人敢靠近，他们便厉声斥责，说："你小心不要惊到这些御用的鸟雀。"然后将之殴打，只有交出钱财才撒手放还。顺宗还是东宫太子时便听闻五坊小儿的恶行，即位之后立即下令罢停五坊，长安城中人心大悦。

夺取兵权

五月，顺宗命右金吾大将军范希朝为左右神策京西诸城镇行营节度使，以韩泰作为范希朝的行军司马。神策军是唐朝中后期的宿卫禁军，负责长安城和皇宫的安全事宜，其地位无比重要。韩泰是顺宗和王叔文的心腹，此举在于夺取原本掌控在宦官手中的京师兵权，削弱宦官势力。

最开始诸宦官还没有意识到兵权被夺取，等到边关将领都发来书信给宦官担任的中尉，说他们已经统属于范希朝，宦官这才明白兵权被王叔文等人夺取，便发怒道："如果王叔文计谋得逞，我们必定要死在他手里。"于是宦官们给边关将领发去密信，言称不得将兵权交给范希朝。等到范希朝到了奉天（今陕西乾县）面见诸将时，并无一人前来。韩泰知道大事不妙，快马加鞭将此事告知王叔文，王叔文这时也束手无策，只能叹息道："奈何！奈何！"

革新失败

虽然顺宗极力想要改革弊政，也任用了王叔文、王伾等人帮助自己行事，但毕竟皇帝深受中风困扰，不能言语、行

唐·三彩文官俑
俑头戴乌冠，身穿广袖绿袍，腰系革带，下着白裳垂至地，足蹬绿色云头翘靴。此俑身材修长，双手执圭板拱于胸前（圭板遗失），神情自若，庄重文雅。唐代艺匠对文官俑的塑造，着意从外形上突出表现，一方面将其塑以峨冠博带，长袍阔袂，表现出一副神情拘谨和温顺的神态，另一方面则将矜持尊严、唯命是从的内心世界刻画得淋漓尽致。

唐·周昉·簪花仕女图（局部）

贵妇体态丰硕，面颊圆润，服饰艳丽，在逗狗中消磨时间。此画真实地反映了唐贞元年间贵族妇女奢侈闲逸的生活。

动，这让势力本就强大的宦官更加有恃无恐。夺取禁军兵权的行动并未成功，同时内朝宦官还和边地的节度使勾结。七月，王叔文和王伾失势，顺宗也被迫让位，后迁居兴庆宫，被尊奉为太上皇。

不久后王叔文、王伾二人被贬官地方，王伾死在了贬谪之地，王叔文则被赐死，两位支持顺宗革新的大臣下场凄惨。支持顺宗革新的人物被后世称为"二王八司马"，二王是王叔文、王伾，八司马则是革新失败后被贬官司马的八位人物，包括韦执谊、韩泰、陈谏、柳宗元、刘禹锡、韩晔、凌准及程异。其中最为人所熟知的是柳宗元和刘禹锡。永贞革新失败后，原来官任礼部员外郎的柳宗元被贬官为邵州司马，后又加贬为永州司马，这才有了著名的《永州八记》。刘禹锡也被贬官为远州司马。所以王叔文、王伾等人的失败被贬，也被称为"二王八司马事件"。"永贞革新"最后以失败告终。

唐顺宗丰陵

丰陵是唐顺宗李诵与庄宪皇后的合葬陵，位于今陕西富平县城东北约20千米处的金瓮山之阳（今曹村乡陵村），因山为陵，陵区周围20千米，东北距唐睿宗之桥陵26千米。

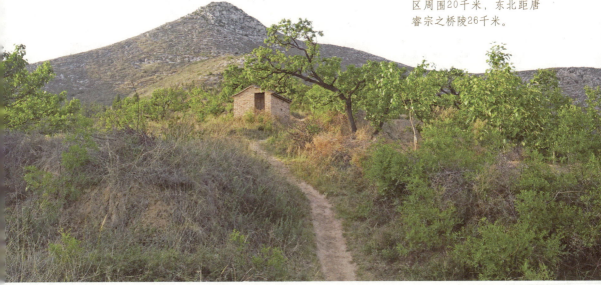

> 806年—821年

及上自藩邸监国，以至临御，讫于元和，军国枢机，尽归之于宰相。由是中外咸理，纪律再张，果能剪削乱阶，诛除群盗。睿谋英断，近古罕俦，唐室中兴，章武而已。

——《旧唐书》卷十五《宪宗纪》

元和中兴

顺宗是不幸的，他空有革新之志，但受中风围扰难以行动；但他又是幸运的，因为继任者唐宪宗李纯克绍箕裘，将父亲锐意革新的意志继承了下来。宪宗即位后倾注全力改变藩镇独霸一方的格局，同时继续推行两税法，使得历经"安史之乱"的大唐王朝迎来中兴局面。

时间
806年—821年

主政者
唐宪宗

主要举措
提高宰相的权威、平定藩镇的叛乱

意义
大部分藩镇重新回归中央领导；由于没从根本上消除造成割据的根源，为随后的宦官专权埋下隐患

唐宪宗不受贡献
出自16世纪《帝鉴图说》。唐宪宗刚即位时，升平公主进献美女，唐宪宗拒绝了。接着荆南的地方又献上毛龟，唐宪宗就下诏说，他所认为的珍宝就是人才，其他一切如嘉禾神芝、珍禽奇兽之类都对治国无益，以后各地不要进献此类物品，也不要再提这种话题。

永贞元年（805年）八月，唐宪宗在大明宫宣政殿即位。宪宗即位之初，便对独霸一方的藩镇展现出强硬的态度。元和元年（806年），日益骄纵的西川（今四川地区）节度使刘闢向中央请求兼领三川地区，宪宗果断地拒绝了他的请求。不满的刘闢便向东川节度使李康发兵，并企图将自己的幕僚安排为新的东川节度使，宪宗遂决意讨伐西川节度使刘闢。

本来朝廷中大臣们对讨伐西川一事有争执，但翰林学士李吉甫坚定支持宪宗伐蜀，李吉甫由此得到了宪宗的器重，后来也成为宰相。宪宗命神策军史高崇文为主帅，领步兵和骑兵5000人作为前锋，又让神策京西兵马使李元奕领兵2000人为次军，再配合以山南西道节度使严砺的军队，一同讨伐刘闢。此战告捷，宪宗的削藩行动便由此拉开大幕。

元和二年（807年），镇海（浙西）节度使李锜看到宪宗开始对藩镇下手，心中惴惴不安，于是请求入朝为官，以求自保。然而他又犹疑不决，所以迟迟未能赴京，其部下都劝李锜尽快出发，这让他极为生气，终于宪宗下达诏书要求尽快入朝，李锜便举兵叛变，不料最后被部将张子良等人所杀。

之后的元和四年（809年），宪宗又制服昭义；元和五年（810年），平定易定（义武）节度使；元和十二年（817年），宪宗命宰相裴度亲自带兵前往淮西，平定彰义（淮西）节度使之乱，并大获全胜。元和十四年（819年），成功瓦解了平卢（青州）节度使的地盘。经过宪宗及副臣的不懈努力，长期困扰唐王朝中央的藩镇问题很大程度上得到缓解，朝廷基本掌握了地方藩镇的人事权。

在削藩的同时，宪宗也不忘任用贤才，协助自己处理国政。元和元年，皇帝下诏策试制举，即由宪宗本人亲自任主考官，策问应举之士。通过此次考

唐宪宗淮蔡奏功
出自16世纪《帝鉴图说》。唐宪宗时，淮蔡节度使不听朝廷的命令，起兵反叛，宰相裴度力排众议，督师终破蔡州。

试，选拔出了在后世知名的元稹、白居易、萧俛等人，并分别授予官职。元和二年，杜黄裳罢相，宪宗提拔自己信任的李吉甫出任中书侍郎，并同平章事，成为新任宰相。李吉甫上位后积极辅佐宪宗平定藩镇之乱，同时抑制各地方节度使的军事及财政权力。

德宗开始实行的两税法，在宪宗时期初见成效。据统计，相比于唐朝最盛时期的天宝年间，元和时期在国家税户减少近半数的条件下，国家财政还能保持在60%～70%，达到德宗初期财政收入的2.7倍。国家府库充盈，财政收入增加，在很大程度上保证了宪宗能够强化自己手中的神策军军力，并以此来对抗地方藩镇势力。这一系列措施及成就，让大唐王朝在经历数十年动乱之后，终于迎来了中兴局面。

808年—850年

(穆宗长庆三年)三月,壬戌,以僧孺为中书侍郎、同平章事。时僧孺与李德裕皆有入相之望,德裕出为浙西观察使,八年不迁,以为李逢吉排己,引僧孺为相。由是牛、李之怨愈深。

——《资治通鉴》卷二百四十三《唐纪》

牛李党争

唐代晚期,以牛僧孺、李宗闵为代表的"牛党"和以李德裕为首的"李党",他们在政治上相互倾轧,严重扰乱了正常的政治秩序,使本就隐患重重的唐王朝更蒙上一层阴影,史称"牛李党争"。

时间
808年—850年

性质
统治集团内部争权夺利的宗派之争

双方代表人物
牛僧孺、李德裕

争执焦点
一、通过什么途径选拔官僚;
二、如何对待藩镇

意义
加深了唐朝后期的统治危机;为消灭宦官集团,外朝大臣依附藩镇,加速了唐朝灭亡

科举结怨

孔子曰:"君子矜而不争,群而不党。"所以在中国古代历史上,文人或官员结党一直被认为是君子不齿的行为。唐顺宗时期,掌握宰相权力的王叔文,以及围绕在其身边的王伾、韦执谊、韩泰、柳宗元等人,已经被时人认为趁着皇帝身体不便,私自交接提拔,形成了以王叔文为首的党派。甚至到了宋代,史学家司马光撰写《资治通鉴》之时,依然认为王叔文等人的行为是有悖人臣之礼的。

顺宗时期参与永贞革新的这些人虽然可称得上为"党派",但因为反对势力强大,所以很快便烟消云散。唐代真正的朋党之争,在宪宗时期出现。宪宗元和三年(808年)举行的科举中,策试的科

《元和郡县图志》书影
《元和郡县图志》由李吉甫撰,完成于813年。原本40卷,目录2卷,共42卷。内容以贞观时期的十道(关内道、河南道、河东道、河北道、山南道、陇右道、淮南道、江南道、剑南道、岭南道)为纲,配以唐宪宗时的实际上存在的47个观察使、节度使辖区(当时也同样称为"道"),每道绘有图,记载各镇之地理沿革、户口、山川、贡赋等,内容可上溯到三代或《禹贡》的记载。

目是贤良方正、直言极谏,伊阙尉牛僧孺、前朝进士李宗闵都毫无保留,严厉批评了时局所存在的问题。主持这次考试的吏部员外郎韦贯之将他们擢为上等,这让时任宰相的李吉甫极为不满。所以他向宪宗建议,把主持策试的韦贯之等人贬官外调,同时对牛僧孺等人长期不加提拔。

李吉甫死后,其子李德裕在穆宗时期成为翰林学士。李德裕因为之前在宪宗元和三年的制举中,牛僧孺、李宗闵对自己的父亲有诋毁之词,所以对此二人极为愤恨。唐穆宗长庆元年(821年),西川节度使段文昌参加了当年的贡举考试,但最后主考官杨汝士等人只录取了当朝权贵的子弟,其中包括李宗闵的女婿。段文昌便上奏皇帝举报此事,穆宗询问李德裕等人是否确有其事,李德裕回答说正如段文昌所言,穆宗便将李宗闵在内的数人贬官。自此之后李德裕和牛僧孺、李宗闵各分朋党,相互倾轧,一直持续了40年。

党争日盛

长庆三年(823年),裴度和元稹都罢相,穆宗提拔兵部侍郎李逢吉为门下侍郎、同平章事,即新任宰相。紧接着又擢升户部侍郎牛僧孺为中书侍郎、同平章事,与李逢吉并为宰相。

唐宪宗延英忘倦

出自16世纪《帝鉴图说》。唐宪宗曾与宰相论治道于延英殿,日昃暑甚,汗透御服,宰相怕累着皇上,求退。唐宪宗说:"我自从进官以来,所有相处的人,只有宦人和近侍,很高兴与你一起谈治理之道,根本感觉不到疲倦。"

当时牛僧孺与李德裕二人都有入相的威望和资历,李德裕却被外派任职浙西节度使,从此长达8年都未能进入中央,他认为是李逢吉在联合牛僧孺排挤自己,所以至此牛李二人之前的嫌隙和仇怨进一步加深。

唐文宗即位后,于太和三年(829年)将浙西节度使李德裕调入中央,官任兵部侍郎,

李德裕像

李德裕(787年—850年),字文饶,赵州赞皇县(今属河北)人,唐朝宰相、诗人,爵至卫国公,因此又号李卫公。唐宪宗元和宰相李吉甫之子。中晚期牛李党争中李党的领导人。为人俭约,爱才如渴,常提拔出身贫寒的读书人,深受爱戴。

此时元老重臣裴度向文宗推荐,让李德裕任宰相。但是吏部侍郎李宗闵因为有宦官的支持,所以成了同平章事(宰相),而李德裕再次被外调成为义成节度使。之前牛僧孺也被外调官任武昌节度使,李宗闵成为宰相后便将自己的同党牛僧孺又调回中央,官任兵部侍郎、同平章事。牛僧孺和李宗闵联手,排挤在朝廷任官的李德裕党人,此时牛党占据了上风。

然而事实证明一心进行党派斗争的牛僧孺等人并无政治经验,同时也缺少处理重大事件的谋略。太和五年(831年),吐蕃维州副史前来向唐朝投降,并愿意将维州城献给唐朝,以表投诚之心。但是牛僧孺却让维州刺史虞藏俭带兵占据了维州,等于是将降将和城池又送还给吐蕃。他对唐文宗说:

"吐蕃势力范围广大,就算失去了一个维州也不能损伤其势力。徒失诚信,对我们有害无益。"文宗也认可了他的做法。然而事实是,吐蕃维州城向唐朝投降之事,是时任西川节度使的李德裕从中牵线的,牛僧孺又将维州还给吐蕃,等于是在和李德裕唱反调,很有可能牛僧孺是有意为之。此事之后,李德裕对牛僧孺的怨恨日益加深。

到了唐武宗时期,牛李两党的主要成员相继去世,这次激烈的党争才逐渐宣告结束。

这场持续长达40年的牛李党争,既不存在政治路线的重大分歧,也并不是在关乎国计民生问题上相互诘难,他们仅仅是为了自身的利益和权力在相互倾轧争斗。这种为了一己私利而结党营私者,不但不能给政治、

社会发展带来活力,反而会扰乱正常的统治秩序。

历史学家认为,之所以会发生这次党争,很大程度上与唐代后期宦官把持朝政有关。宦官掌管政治权力,从而造成了一种相对闭塞的政治环境,处在这种环境中的官员们被压制,所以将自身的能量通过结党斗争来消散。这样无谓的政治斗争严重影响了唐朝的社会经济发展,并且加剧了社会危机。

李德裕见客图

现代画家张大千绘。李德裕在位时奖掖寒门后进,及南谪,或有诗曰:"八百孤寒齐下泪,一时回首望崖州。"李德裕在海南积极为当地百姓传授儒学,颇受百姓爱戴。

唐·吴道子·八十七神仙卷(局部)

吴道子(680年—759年),今河南禹州人,唐代画家,确立了"吴家样"风格,被后尊称为"画圣"。此画绢本水墨,白描,是历代字画中最为经典的道教画。画上有87个神仙从天而降,列队行进,姿态丰盈而优美。吴道子所画佛像的衣褶,飘举飞动,后人称为"吴带当风"。

780年

（建中元年）群臣上尊号曰圣神文武皇帝，赦天下。始用杨炎议，命黜陟使与观察、刺史"约百姓丁产，定等级，改作两税法。比来新旧征科色目，一切罢之；二税外辄率一钱者，以枉法论"。

——《资治通鉴》卷二百二十六《唐纪》

两税法

唐代中期税制改革后实行的两税法，是中国古代赋税史上的里程碑，同时也是划时代的转折点。这一套全新的国家税收征纳方案，不论是在财政原则方面，抑或是相对于课税的对象来说，都有了重大变革。它在很大程度上缓解了唐朝国家财政的窘境，促成了"元和中兴"的出现。

实施时间
780年

背景
唐中期，户数锐减，税收减少，遭遇财政危机

建议者
宰相杨炎

原则
量出为入

影响
改变了自战国以来以人丁为主的赋税制度，以资产计税对后世税制影响深远

财政危机

唐初以来实行的土地制度是均田制，国家将土地分为口分田和世业田授予农民，口分田是按男丁、女丁及丁口的年龄授予的土地，个人在去世后要将土地交还国家，再由国家重新分配；世业田是一个家庭（户）可以世代传承的土地，除非没有继承人，否则不用归还国家。与此相配套的赋税制度是租庸调法，三者皆按照丁口征收，以粮食和棉麻等手工制品为形式缴纳。此法实行的初期比较顺利，但随着土地兼并愈演愈烈，军队和官僚队伍愈加庞大，所以租庸调制逐渐不能满足需求，国家财政走向了入不敷出的边缘。

天宝末年爆发的"安史之乱"，让地方百姓颠沛流离，原本从事农业生产的农民都被强制要求服兵役，参与到了战争之中，国家粮食产量急剧下滑；连年的战火又使得百姓流离失

唐·三彩钱柜
卧式，长方形，柜面上有盖，盖边有一投钱小口。

所，国家户数和能够控制的人口锐减，直接的影响就是税收的下降。据上元元年（760年）的统计数字，朝廷控制的人口数量为1600多万，较天宝末年减少了3500多万，其中纳税人口减少了520余万。到了乾元元年（758年），国家的财政收入已经不及天宝末年的三分之一。

其实在玄宗时期便已经出现了严重的流民问题，大量的户口和丁民从国家账簿上消失，直接导致税役减少。所以此时采取了一系列措施解决此事，宇文融向皇帝建议要"检括户口"，即核查户口。他担任劝农使后，便开始着手实施自己的计划，首先将部下中的劝农判官分派到全国各地，然后把地方政府户籍中漏掉的客户（迁居之户）编入户籍。这一政策的确为唐王朝将国家掌控的户数提高了近80万户，几乎占到当时全国户数的十分之一。但是此举措触动了新兴地主阶层的利益，遭到朝廷中庶族出身官僚的强烈反对，最后逐渐被宰相张说强制停止施行。

税制改革

从唐肃宗以后，国家面临的各种社会问题接踵而至，并且日益严重，财政危机愈演愈烈，朝廷也不断在税收制度上采取对策，增加各种名目的额外税收，这不过是加重了农民的负担。唐德宗即位后（780年），宰相杨炎建议施行两税之法：先计算州县每年需要的费用（支出），然后按照这个数字将税额分摊到丁口身上（收入），改变了之前国家财政"量入为出"的做法，采取"量出以制入"的新原则。同时还有许多配套的措施和政策，组成了完整的新税收体系，这便是历史上著名的"两税法"。

其实两税法在实行之初还受到一些阻力，与杨炎同朝为官的元老大臣刘晏同样善于处理财政问题，他施行的盐铁专卖也成果显著。但刘晏的财政观点较为保守，他紧握手中的财政权力不放，对于杨炎推行两税法有掣肘之势。最终杨炎利用德宗的信任，将刘晏贬官为忠州刺史，两税法才得以顺利推行。

两税法的总原则是"量出为入"，即首先预算出国家财政支出的数额，然后以此来确定各地民户应该缴纳的税额，其出发点是为了限制地方官吏滥用权力征收杂税。其次课税的主体也做出了调整，将原本附于主户的客户也纳入税收体系中，一律编入地方州县的户籍，按照规定纳税服役，这样便进一步扩大了税收的范围，增加财政收入。同时也改变了纳税的标准，原来的租庸调制是以丁口为单位征收，两税法则改为以"资产"为本，按照民户拥有的土地及其他财产的数量来纳税，这一点对后世的税制影响深远。另外还有重要的一点，将税收的形式由实物改为钱，即由实物税到货币税的转变，这说明唐代中期开始的货币经济已经逐渐成熟，同时它也是中国财政史上划时代的举措。

835年

（太和九年十一月）仇士良等至左仗视甘露，韩约变色流汗，士良怪之曰："将军何为如是？"俄风吹幕起，见执兵者甚众，又闻兵杖声。士良等惊骇走出……奔诣上告变。

——《资治通鉴》卷二百四十五《唐纪》

甘露之变

心有不甘的唐文宗在第一次铲除宦官的行动结束后，又重新起用郑注、李训等人，企图借助祥瑞"甘露"将宦官首领仇士良调出宫城，一举歼灭北司宦官集团。然而事情败露，整个计划又缺乏强有力的领导，最终行动惨败，宦官们动用禁军血洗长安城，此即"甘露之变"。

时间
835年

发动者
唐文宗、郑注、李训

目的
夺回皇权

结果
失败，中国历史上第二个宦官时代开始

起用郑、李

太和五年（831年）的行动失败，唐文宗只得再次寻找机会。但是宦官们随时都对皇帝的行动了如

唐文宗过莲塘瓷板画
唐文宗李昂（原名涵，809年—840年），唐穆宗第二子，唐敬宗之弟。在位14年，享年32岁。"甘露之变"后，唐文宗提拔另一批宦官刘弘逸和薛季棱与仇士良抗衡，达到分化宦官集团的效果。唐文宗一连串的努力很快重振皇权。

指掌，所以铲除宦官之事不能由他亲自出面，必须要找朝中大臣为之。宋申锡获罪被贬官之后，北司宦官日益专横骄纵，文帝暂时无可奈何，表面上隐忍纵容，但内心已经不堪忍受。这时有两个人在中央朝廷如鱼得水，他们便是郑注和李训。

郑注为人聪敏狡黠，能言善辩，早年混迹于市井之中，因为颇懂医术，最后被宦官王守澄提拔到中央，两人曾促膝长谈，一见如故。郑注为了奉承王守澄，对宋申锡进行构陷，他也因此被王守澄擢升为右神策军判官，后又升任工部尚书、翰林学士。李训是前任宰相李逢吉的儿子，也是通过攀附王守澄和郑注，最后做到了翰林学士的位子。郑注、李训二人通过对文宗的接触，发现皇帝一直被宦官的事情困扰，同时他们虽然经由宦官王守澄提拔，但是并不甘于屈居其下，所以便向文宗主动请命。文宗见其能言善辩，并且目前颇得王守

圆仁法师及著作《入唐求法巡礼行记》
圆仁(793年—864年)，日本佛教天台宗山门派创始人，谥号慈觉大师。唐文宗开成三年（838年）以请益僧身份跟遣唐使到中国求法，留唐近十年，足迹遍布全国各地。他用汉文写的日记《入唐求法巡礼行记》，成为后人研究唐代历史的宝贵资料。

澄的信任，行动起来更为方便，便将铲除宦官的事情交给了郑注和李训。外人只知道郑、李二人依附于宦官，却不知其实他们已经和皇帝有密谋，要铲除北司宦官集团。

灭王守澄

文宗即位之初，右领军将军宦官仇士良有功，但是一直遭到王守澄的压制，害怕其和自己争权，两人之间便生出嫌隙。太和九年（835年），李训、郑注向文宗建议，提拔仇士良，以此来限制王守澄手中的权力。五月，文宗将仇士良任命为左神策中尉，此时的王守澄为右神策中尉，两人官职相当，这让王守澄十分不悦。七月，郑、李二人又向文宗陈奏求取太平的策谋，认为首先当要铲除宦官，其次平复河、湟之地，最后夺取河北诸节度使之权。他们谋划布局头头是道，文宗也认为其言切中时弊，所以对李

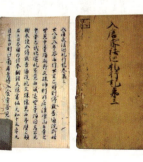

训、郑注的信任和恩宠日益加深。

此年八月,李训帮助文宗杖杀了宦官陈弘志,唐宪宗的死便与陈弘志有着直接的关系。同时又将右神策军中尉、行右卫上将军、知内侍省事王守澄改任为左右神策军观军容使,兼十二卫统军,看似成了禁军的最高统领,实际上并无实权,李训、郑注此举成功夺取了王守澄的禁军兵权,而委之以虚名。李训为了充分做好诛杀诸宦官的准备,将朝廷中枢的一干老臣全都排挤出中央,不但自己官任丞相,还将党羽舒元舆、王涯、贾餗等人想方设法提拔进宰相班子。同时,郑注被任命为凤翔节度使,王璠为河东节度使,韩约为左金吾大将军,让京兆少尹罗立言实际掌管京兆府的工作,他们都是郑、李集团的人物。

大明宫宣政殿遗址

宣政殿位于含元殿以北约300米,为唐朝皇帝每月朔望临朝听政之所,称为"中朝"。殿基东西长70米,南北宽40多米。殿前左右分别有中书省、门下省和弘文馆、史馆、御史台馆等官署。在殿前130米处,有三门并列的宣政门,左右是横贯式的宫墙,墙、殿之间形成较大的院庭。

十月，李训、郑注征得文宗同意，派遣使者李好古前往王守澄宅第，赐毒酒杀死了王守澄，此时的王守澄已经没有了实权，所以顺利将之铲除。之后便要向仇士良及一众宦官下手了。万事俱备，只欠东风。

甘露之变

十一月，文宗在紫宸殿朝见百官，左金吾大将军韩约本应禀告皇宫防务，然而他未言是否平安，却说在宫门外左金吾驻地后面的石榴树，昨日夜里降下祥瑞甘露。李训、舒元舆都劝皇帝亲自前往观看，文宗便答应了。到了含元殿时，文宗先派遣宰相及中书门下两省官员前去视察，许久才回来。此时李训则已在丹凤门外埋伏下重兵，随即他对文宗说："甘露看着不像真的！"文宗故作惊讶，便又遣左右神策中尉仇士良、鱼弘志前往查看，左金吾大将军韩约陪同。

李训定的计划是一旦众宦官出了宫门，便将其捕杀殆尽。但是韩约却露出了马脚，当韩约带领仇士良来到石榴树旁时，他表现得战战兢兢，而且汗如雨下。仇士良感到奇怪，便询问道："韩将军你怎么了？"就在此时一阵风刮来，吹起了厅堂前的帷幕，帷中潜藏的将士被仇士良看到。他意识到中了埋伏，便率领众宦官匆忙向宫中跑去，大喊有人谋反，并且召来卫士。

就在同时，李训带来的士兵和宦官手下的卫士一同冲入丹凤门，双方展开了混战。不料最后宦官们竟然挟持着文宗，逐步退到宫中，并且关闭了宫门，李训知道大事不好。进入宫中的仇士良急忙调集神策军，开始奋力逮捕、斩杀参与事变的李训手下，宰相和朝廷百官统统被擒。因为皇帝在宦官手中，可以说被挟持着，所以李训等人不敢轻举妄动，只能束手就擒。

几日之后，以李训为首的王涯、贾餗、舒元舆等人被神策军斩杀，从凤翔赶来支援的郑注也被宦官张仲清所杀，仇士良等人趁此机会大开杀戒，牵连其中被害的有1000余人。"甘露之变"失败了，而且其后果远较第一次宋申锡遭贬来得惨烈，大量无辜者惨遭杀害。

唐武宗端陵石刻
唐武宗本来是唐敬宗、唐文宗的弟弟，被封为颍王。在宦官仇士良的操纵下，趁文宗病，矫诏立他为皇太弟，废原来的太子敬宗子李成美为陈王，武宗由此得以登基，并赐死李成美、文宗杨贤妃和皇兄安王李溶。

875年

（乾符二年）王仙芝及其党尚君长攻陷濮州、曹州，众至数万，天平节度使薛崇出兵击之，为仙芝所败。冤句人黄巢亦聚众数千人应仙芝。……数月之间，众至数万。

——《资治通鉴》卷二百五十二《唐纪》

王仙芝、黄巢起义

唐朝末年的社会状况实在堪忧，藩镇割据、宦官弄权，再加上中央朝廷的牛李党争，唐王朝就如同一潭死水。两税法和专卖制度让底层的农民备受压迫，地方藩镇的士兵们也被节度使权力压榨，历史的车轮注定要被这些底层的农民和士兵推着滚滚前行。

时间

875年

背景

唐朝政府为了垄断食盐买卖，大力打击私盐贩卖；关东出现大旱，官吏强行征收赋税，强制徭役

影响

波及唐室半壁江山，致使唐末国力大衰，为朱温篡唐建梁开五代之始奠定基础

危机重重

进入9世纪下半叶，唐朝的领土上开始陆续爆发叛乱，不同以往的是，这些叛乱的首领并非地方藩镇节度使，而是底层的士兵和农民。叛乱发生的地点刚开始在长江以南，并逐渐向黄河中下游移动，直到唐王朝统治腹地。农民揭竿起义，是因为沉重的赋税负担在压迫着他们，而士兵们则承受着同样的折磨。藩镇节度使为了求取朝廷功名，所以盘剥下层将士们的军饷，好让自己积累更多的"羡余"，这引起士兵们的极度不满，他们便决然发动兵变，夺取藩镇权力。

唐宣宗大中九年（855年），浙东（今浙江）藩镇的士兵举戈起义，推翻了浙东观察使李讷。大中十二年（858年），湖南藩镇的部将石载顺驱逐了观察使韩惊；同一年，江西藩镇的将领毛鹤，将

唐·舞马衔杯纹银壶
壶的造型采用的是北方游牧民族皮囊的形状，壶身为扁圆形，一端开有竖筒状的小口，上面置有覆莲瓣式的壶盖，壶顶有银链和弓形的壶柄相连。这种形制，既便于外出骑猎携带，又便于日常生活使用。

唐·鎏金银香囊

陕西扶风法门寺地宫出土的这枚香囊是唐僖宗供奉,为唐代香囊存世品中迄今发现最大的一枚。除囊盖顶部团花内錾四只飞蛾和囊身底部为折枝团花外,其他团花内均錾饰双蛾,镂空处为阔叶纹样,供香气溢出。香囊内部铆接两个同心圆金属环和一个盛香料的钵状香盂,这两个圆环即为持平环。无论香囊怎样转动,香盂始终保持水平状态。这说明近代用于航海、航空的陀螺仪原理,早在唐代已被中国工匠所掌握。

观察使郑宪赶走。还是在这年,宣州(今安徽省)藩镇的部将康全泰驱逐观察使郑薰,并率帐下士兵400人与唐朝对抗,最终被镇压。这些都是发生在江南地区的兵变,之后不久,士兵和农民合流的起义也开始爆发了。

唐懿宗咸通九年(868年),在桂林驻防的800名徐州籍士兵举行起义,并且推举庞勋为首领,他们一路向北推进,其间成千上万的农民也入起义队伍,最终到达了徐州,并在此与唐朝派来的军队对抗一年有余。此时的唐王朝已经危机重重,虽然这些零星的叛乱很快得到平复,但更大规模的起义就在眼前。

黄巢起义

唐僖宗乾符元年(874年),濮州(治所在今山东菏泽鄄城)人王仙芝聚众数千人举行起义,地点在今河南长垣。次年六月,王仙芝及同党尚君长攻陷了濮州、曹州(今山东菏泽境内),起义的队伍达到数万人。朝廷命天平节度使薛崇出兵平叛,结果反被王仙芝起义军击败。此时冤句(今山东菏泽西南)人黄巢也顺势而起,带领民众数千人呼应王仙芝。

黄巢年轻时曾和王仙芝以贩卖私盐为生,黄巢善于骑马射箭,喜好任侠之风气,同时也粗略地涉猎过文史书籍。他多次考取进士都未能中第,所以才聚众

现代·王绪阳·黄巢起义军入长安图（局部）

为盗，和王仙芝一起剽掠州县，横行于山东地区。群盗蜂起，渐次壮大，横行剽掠，纵横十余州，已经由山东扩展到淮南地区，多者数千人，少的也有几百人。中央朝廷急忙做出反应，僖宗派遣淮南、忠武、宣武、义成、天平五节度使领兵讨伐，与此同时也加以招抚。

乾符三年（876年），王仙芝带领起义军由山东入河南，一路破关斩将，大军直指东都洛阳，幸亏昭义军将领雷殷符在中牟抵挡，东都才得以保全。年末，就在王仙芝攻取蕲州时，朝廷以优厚的待遇对其招降，王仙芝便归顺唐朝，这让黄巢极为不满。于是二人从此分道扬镳。

纵横南北

与王仙芝分开后，黄巢先是在河南东部、山东西南部一带活动，但是频繁遭到唐朝军队的镇压。乾符五年（878年），黄巢在攻取东都洛阳受阻后，便转而带兵南下，渡过长江到达今江西地区。八月，黄巢攻打宣州（今安徽宣城），宣歙观察使王凝顽强抵抗，打败了起义军。黄巢又引兵转向浙江东部，在山路中驱行700余里，到达福建地区，并且暂时在此地驻扎。此时的黄巢起义军，一路转战的过程中兵力大盛，所经州县的百姓、流民纷纷加入起义队伍，义军的规模达到了20万人。

广明元年（880年），黄巢决定北上，先从福建到广东、广西，向北到荆门后，沿着长江顺流而下，在采石渡过长江，并一举击溃北岸的唐朝驻军。此年九月，黄巢大军渡过淮河，在此期间他下令停止掳掠，只抓取壮丁壮大自己的军队。十一月，起义军顺利攻陷了东都洛阳，一个月后又进攻到潼关，在此遇到率领着神策军的张承范。然而唐朝军队节节败退，最后黄巢率起义军攻进长安城。唐僖宗在宦官田令孜的保护下，就和一百多年前的玄宗一样，狼狈逃往四川成都。

黄巢在长安称帝，国号大齐，改元金统。他甚至还召集文武百官，凡抵抗不从者皆被义军所杀。黄巢虽然略懂诗书，但毕竟出身草莽，起义军中也绝大多数都是农民或流寇，身边并无能够治国理政之人。所以黄巢建立的政权注定难以长期存在。

题菊花

飒飒西风满院栽,
蕊寒香冷蝶难来。
他年我若为青帝,
报与桃花一处开。

不第后赋菊

待到秋来九月八,
我花开后百花杀。
冲天香阵透长安,
满城尽带黄金甲。

自题像

记得当年草上飞,
铁衣著尽著僧衣。
天津桥上无人识,
独倚栏干看落晖。

兵败狼虎谷

中和二年（882年），在成都避难的唐僖宗让中书令王铎率领各路唐军反攻长安，这时黄巢手下大将朱温（全忠）也向唐朝投降。此年十二月，沙陀首领李克用率领4万大军前来支援僖宗，并与其他唐朝军队会合，准备夺取长安。中和三年，唐军与起义军在长安展开激烈交锋，最终黄巢败去，退守到河南南部蔡州、陈州一带。中和四年（884年），李克用率兵5万向陈州进发，黄巢被迫向山东一带撤退，在中牟被李克用击败后，他仓皇逃往泰山附近，最后在狼虎谷（今山东莱芜西南）自刎。

黄巢起义军南征北战10年后，终被唐朝剿灭。黄巢起义的大火燃遍了大江南北，严重动摇了唐王朝的统治基础。黄巢完成了自己的历史使命，他成功地将唐王朝推向了灭亡的边缘。原本在黄巢帐下为将的朱全忠，以及借机进入中原的李克用，也都是因为黄巢起义的影响才登上历史舞台。他们最后都成了唐朝的灭亡者，同时也是新时代的缔造者。

黄巢像
黄巢（？—884年），曹州冤句（今山东菏泽西南）人，唐末时人。初为盐帮首领，售私盐为业，后成农民军首领，曾自立为帝，国号大齐，年号金统。黄巢起义波及唐室半壁江山，切断江南大运河的经济命脉，沉重地打击了唐朝的统治，黄巢死后，唐朝仅仅苟延残喘20余年，就由黄巢降将朱温篡夺唐朝帝位。

> 581年—904年

西方之国，绵亘山川，自张骞奉使已来，介子立功之后，通于中国者多矣。有唐拓境，远极安西，弱者德以怀之，强者力以制之。开元之前，贡输不绝。

——《旧唐书》卷一百九十八《西戎传》

隋唐时繁华的东西方文化交流

隋唐帝国最以其繁荣、开放著称于世，它以开阔的胸襟容纳着世界文化，同时将中华文明也传遍东西方。隋唐时期的中华帝国在当时的世界上是一个象征，不仅引领着东亚文明发展的潮流，更通过丝绸之路影响着西方世界。

时间
581年—904年

背景
丝绸之路畅通，海路通达，唐王朝经济文化繁荣

交流地区
朝鲜半岛、日本、西域、波斯、罗马、希腊

交流方式
通商、战争

交流范围
政治、经济、科学、文化等全方位

邻邦日本

前2世纪的汉武帝时期，张骞奉命出使西域，开拓出历史上著名的"丝绸之路"，也为东西方经济文化交流打开了一扇大门。从汉代历经魏晋南北朝，西域地区前往中原的使者相望于道，往来不绝，他们不仅带来奇珍异宝，更将西方的文明带入中原地区。与此同时，中华帝国自汉代以来就成为东亚的经济文化中心，不论在经济上还是思想文化上，都带动了邻国的发展。

日本与中国一衣带水，自汉代以来一直关系紧密。陈寿撰写的史书《三国志·倭人传》专门记述有关日本的人物及事件，可见当时中原地区和日本已经有较多交流。不过最初日本接触到

唐·罂粟纹黄色琉璃盘
1987年陕西省扶风县法门寺地宫出土。敞口、翻沿、圆唇、直壁，平底微凸起，底外壁有黏棒疤痕。玻璃为无色透明，稍泛黄绿色，盘内壁口沿处绘有12个黑色半圆弧纹，腹壁下部绘两周黑色弦纹，底部绘有黑色罂粟纹。盘内壁除了黑色花纹外，施满不透明黄色作为底色。

中华文化，是通过朝鲜半岛间接学习的，这在很大程度上受制于传播者。进入隋唐时期，不满于此的日本开始大量派遣使者直接来华学习，将先进的文化、技术输送回日本，以期紧跟隋唐帝国的步伐。

日本推古天皇十五年，隋炀帝大业三年（607年），日本首次公派遣隋使赴中国，他们名义上是为了求取佛法，但其实还想要吸收更多的先进文化。通过在华的学习，遣隋使将中华儒家文化及佛教文化传往日本，使得日本统治阶层逐渐痴迷，愈加向往中华文化。进入唐代后，日本便更加频繁地派遣使者来华交流和学习，遣唐使前后有十一批，总计数千人次。这其中既有政府官员、学者、僧人，同时也有专门职业者，如画师、医生、乐师等，由他们的身份就可以看出，日本想要全方位地学习和借鉴唐朝文化。

遣唐使回到日本后，很受政府重用，并且他们将在唐朝所学逐渐在日本推广开来，最直接且深远的影响便是大化革新。日本官方推动的大化革新，是一次全方位的改革，其模板便是唐王朝。大化革新的主要内容有实行土地国有，然后以班田制将土地授予民众，再以租庸调制征收赋税。其次是废除官僚世袭制，加强中央集权。以上措施分别模仿了唐朝的均田制、租庸调制和官僚制度。这是在制度方面的影响，至于文化方面更是影响广泛，日本文字、文学、书法绘画、建筑等领域，都模仿和借鉴着唐朝。

朝鲜半岛

朝鲜半岛与中国东北地区毗邻，自古以来便交流频繁，因为地缘关系，所以也较早受到中华文化的影响，成为华夏文明圈的重要一环。新罗统一朝鲜半岛时期，日本因为无法直接到中国学习文化，所以将新罗视为主要的学习对象，来间接获取中华文化。大业四年（608年），日本遣隋使团到达隋朝，便是由百济使节陪同抵达。在15世纪之

吉备真备像
吉备真备（695年—775年），日本奈良时代的学者、政治家（公卿），曾任两次遣唐使，官至正二位右大臣，明治时期被追赠为勋二等。717年（养老元年），作为遣唐学生到中国，学儒学、律令、礼仪等。735年（天平七年）归国，携回并献上《唐礼》13卷和历书、兵书、音乐书、武器、乐器、测量器具等。任大学助、东官学士，为阿倍皇子（孝谦天皇）讲授《礼记》《汉书》等。藤原仲麻吕得势时，被挤至地方任职。

大阪遣唐使船复制品

遣唐使的派遣不一定只有一人前往。而当有多于一人参与之时，会区分"大使"及"副使"。而随遣唐使被派遣往唐朝的，亦包括留学生及僧人。每次出海，都有四五百人乘坐4艘船渡海。遣唐使船一行人在出发前，都会带同船舳先到大阪住吉的住吉大社，祈求住吉大神保佑海上安全。

前，朝鲜半岛在阅读和书写中一直使用汉字，为了更好地学习中华文化，新罗也往唐朝派遣留学生，并且参加唐朝的科举考试。

与此同时，也有从隋朝和唐朝前往朝鲜半岛的中原人士，他们在高丽、新罗传播中华文化，这些人有的是因为两国之间的战争而滞留者，有的是受政府的派遣前往者，他们对于中华文明在朝鲜社会的传播和发展，都起到颇为重要的作用。新罗统一之后，其典章制度和学术文化更是全面唐朝化，实行郡县制和科举制，从唐朝输入医学、算学、天文学等自然科学知识，并且设立博士官制度。总之，朝鲜半岛在很长一段时间内，都是中华文化圈的一部分。

西方文明

自从汉代开启丝绸之路，中原王朝便与西域文明建立起长久的联系，不论是商业贸易还是文化交流，自汉讫唐延绵不绝。在这条连接东西方的文明之路上，最具特色的便是丝绸。汉武帝时期中国的丝绸便开始通过丝绸之路传到欧洲社会，成为希腊、罗马贵族引以为豪的奢侈品。到了隋唐时期，丝绸贸易更是发达，经由西域传送到亚欧大陆中部的阿拉伯帝国，甚至到达东罗马和欧洲。在古代西方社会，丝绸是东方神秘国度——中国的象征。

中国与西方社会的接触最早是通过西域诸国实现

唐·盘口细颈贴塑淡黄色琉璃瓶
黄色透明，无模吹制成形，底部有加工疤痕。盘口、细颈、鼓腹、圈足。肩部缠贴一道相同颜色的玻璃丝。腹部贴有四排装饰，第一排为8个深蓝色同心圆形饰，第二排为6个不规则五角星饰，第三排为6个莲心样圆形饰，靠近底部的第四排为6个深蓝色水滴形装饰。

的，西域文明也是与中原文化互动最多的文明之一。隋唐时期的都城长安居住了大量的"胡人"，他们为中原王朝带来了神秘的异域风情，在当时人们以穿胡装、跳胡舞为时尚，同时西域的艺术品、手工艺品和农业技术也传入中原地区，极大地丰富了中华文明的内涵。佛教便是通过西域地区传入中国，共同的宗教信仰也加深了彼此之间的联系。后来佛教又经由中原传播到朝鲜半岛和日本，成为连接东亚地区的一条纽带。

唐王朝的经济实力和文化包容力，让它勇于和世界各国建立联系，如亚欧大陆中部的波斯，两国之间贸易往来频繁，经由

唐·素面淡黄色琉璃茶托
这套茶碗、茶托为唐皇室珍贵的饮茶器具，碗呈喇叭形口，上薄下厚，腹壁斜收。

陆上和海上丝绸之路，波斯商人运载着世界各国的异域商品来到中国，换取丝绸、纸张和其他奢侈品。根据考古发现，在中国境内的许多地区都发现了波斯萨珊王朝的金币，并且西安和新疆还发现了东罗马的金币，这证明唐朝与西方世界的经济交流频繁。另外造纸术也因怛罗斯之战而传到西方，对于世界文明的发展产生深远影响。

九华山地藏菩萨像
唐朝开元年间，古代新罗宗室公子金乔觉，少年在九华山苦修，享寿九十有九，驻锡九华山，居于南台，风餐露宿刻苦修行，在世灵迹不断，华人与朝鲜人皆认为其是地藏菩萨的化身。以致十几个世纪以来，在此修行、成就者不乏其人，来此朝圣、参观者络绎不绝。尤其江浙一带的房产、建筑相关人士，有每年（特别是在开工前）去九华山拜祭的习俗。乔觉隐修时，有檀越闵公献地建庙，闵公之子则跟随乔觉出家，法号道明。从此地藏菩萨塑像皆以道明、闵公为胁侍。

8世纪

方今之急在兵,兵之强弱在赋,赋之所出,江淮居多。

——《旧唐书》卷一二三《第五琦传》

全国经济重心的南移

黄河流域是中华文明的孕育之地,从商周秦汉以来,便一直是全国的经济重心所在,不论是农业生产抑或手工业,都在全国的经济格局中占据着主导地位。但是魏晋南北朝以降,包括战争、人口迁徙、自然环境在内的多种因素,都促使唐王朝的经济重心向着江南转移。

因素
战争、人口迁徙、自然环境变化等

背景
南方地区农业、手工业等获得长足发展,逐渐赶超北方

结果
国家经济重心逐渐转移到南方

从春秋战国以来一直到东汉末年,北方黄河流域的农业经济得到长足发展,诸如关中盆地、华北平原等粮食主产区,长期作为历代王朝的命脉所在。此时北方地区不论是农业耕作技术,还是粮食产量,都远远领先于长江流域。但是从东汉开始,长年的战争在北方持续不断,原本号称"天府"的关中平原农业生产遭到极大破坏,再也难以恢复到西汉时期的盛况。与此同时,南方的整个长江流域,伴随着孙吴的大规模开发,加之北方长年的战争迫使大量劳动力向南迁移,使得南方特别是长江三角洲地区的经济发展迅速,农业生产技术得到提高。

8世纪中期爆发的"安史之乱",很大程度上改变了唐朝的历史走向,对全

唐・伎乐飞天金栉
金栉为头饰,用薄金片镂空錾刻而成。马蹄形,下部呈梳齿状。栉面上部满饰花纹,中心主纹以卷云式蔓草做地,上饰两对称的奏乐飞天。飞天下方饰一朵如意云纹,周边饰多重文饰带,分别为单相莲瓣纹、双线夹莲珠纹、镂空鱼鳞纹带、镂空梅花间蝴蝶纹带等。现藏于扬州市博物馆。

国经济格局也影响深远。北方大部分地区都遭受到战火洗礼,农业经济停滞不前,甚至出现急速倒退,社会人口大规模流动,更是对要求精耕细作的小农经济造成冲击。而与此同时,南方的经济形势却一片大好。长江流域的农业发展达到前所未有的层次,中唐之后长江中下游进入全面开发农业耕地的时期,大兴农田水利,同时对以前较少利用的丘陵山区也开发为农业用地。水稻的耕种面积不断扩大,而且朝着集约化的方向发展,种植、生产技术得到提高,比如应用于水田耕作的曲辕犁便是此时开始在南方广泛流行的。

北方的商品经济主要集中在长安和洛阳等地,因为陆上丝绸之路的便利交通,使得西域甚至欧洲的商品在两京的市场中大量出现,促进了商品经济的发展。但是"安史之乱"对这种状态造成极大破坏,较少受战乱影响的长江三角洲及一些港口城市,通过海上丝绸之路,开始大规模地与南亚、东亚甚至欧洲进行商品贸易,包括丝绸、茶叶及长沙窑的陶瓷制品。

自"安史之乱"以后,北方的大城市如长安、洛阳、汴州、太原等都会,都受到战乱的影响而趋于没落,南方的大城市逐渐崛起。扬州作为大运河的南端,自隋朝以来便自有其军事、

唐·嵌宝镶珠镂空錾花金戒指
该件金戒指形制较大,汇集了錾刻、镂空、镶嵌工艺,戒面呈微微椭圆形,中央嵌宝石一粒,嵌巢内径达1.1厘米,四周镶嵌十粒珍珠,使戒面呈花形,指套面宽达0.7厘米,两边缘各錾刻两道扁形连珠纹,中间镂空连续纹饰带,两端与戒面连接处各錾刻一组凸出的三角形与连珠纹的组合图案,有西域风格。现藏于扬州市博物馆。

经济地位,随着社会经济的发展,扬州的地位越发重要。作为通海口岸和运河南方起点,唐初以来扬州的商业贸易兴盛,手工业更是享誉全国,铜器铸造业、纺织业是其代表。扬州由江淮地区的政治、军事重镇,逐渐升级为全国的经济中心。

唐·面食制品
糕点小食品在唐代十分流行和普及。糕用麦面粉加其他如豆浆等做成块状,有的有夹心,没有夹心的也叫酥。这是一种饥时即时进食垫补的小零食,不仅上流社会吃,普通百姓也随时能吃得上。唐代大诗人白居易就做得一手好糕点,其有诗云:"胡麻饼样学京都,面脆油香新出炉。寄与饥馋杨大使(唐代万州刺史杨敬之),尝看得似辅兴无。"

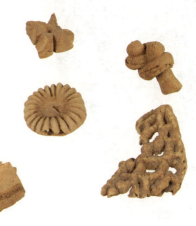

辉煌灿烂的唐三彩

唐三彩是唐代一种挂釉的陶器,来源于汉代的铅釉陶,因其色彩绚丽,同时器物用色又以黄、绿、褐较多,故称"唐三彩",它代表着唐代陶瓷艺术的最高成就,在世界艺术史上也熠熠生辉。唐三彩器物的特点是造型饱满、圆润,形象生动活泼,这也和恢宏圆融的大唐气象紧密相连。考古出土的唐三彩主要集中于河南巩义及陕西铜川,这两处都有唐代烧制唐三彩的窑址。另外在多地的墓葬、宫殿建筑遗址及寺庙遗址中都出土数量颇丰的唐三彩,以墓葬中的随葬品(明器)居多。

◀ 三彩贴花双龙耳壶

壶为盘口,束颈,圆肩,鼓腹,平底,肩上置龙形双柄,龙口衔壶口,颈部有凸线纹两道。三彩装饰,以赭、绿、黄、白四色为主色,腹部贴宝相花纹四个。三彩双龙壶在唐三彩瓷器中较为常见,但这种贴花装饰的并不多见。施釉采用了形成于唐代的三彩施釉常用技法。龙首部分及龙背的凸起部位等有意识地分开施釉,但瓶身部分则是将鲜艳的绿色与赭色交错同施,釉液流通交融,对比十分强烈。

▲ 三彩杯盘

杯盘由承盘、七个小杯和一个小罐组成。承盘为敞口,平底,下承以三短足。盘内置小杯环绕中心小罐。盘外壁及杯、罐器身施黄、白、绿等色釉,釉色鲜艳亮丽,盘内无釉。此套杯盘应为饮具,是用来随葬的明器,是唐代现实生活细节的一个再现。这种样式的饮具在唐代颇为流行,承盘上的小杯五至七个数目不等。它的出现反映出唐代制陶工艺的水平。

▼ 三彩骆驼载乐俑

唐开元十一年（732年）葬鲜于廉墓出土。骆驼昂首挺立，驮载了5个汉、胡成年男子。中间一个胡人在跳舞，其余4人围坐演奏。他们手中的乐器仅残留下一把琵琶，据夏鼐先生研究，应该是一人拨奏琵琶，一人吹笙篥，二人击鼓，均属胡乐。骆驼载乐俑巧妙地夸张了人与驼的比例，造型优美生动，釉色鲜明润泽，代表了唐三彩的最高水平。

▶ 三彩侍女俑

俑呈坐姿，发式为乌蛮髻，发为黑色。面庞圆润，施淡淡的胭脂色，双眉描画细腻，双目微睁凝视前方，鼻直口正，嘴角带着轻微的笑意，是典型的唐代美人形象。上身穿黄色衫襦，下身穿绿色长裙，双手置于胸前做吹奏状，坐在一个束腰形机凳上，右脚赤脚放在左腿上，鞋放在地上，鞋边有一只白色的小狗。此俑体态丰腴，表情惟妙惟肖，人物动作静中有动，整个造型艺术感强烈，是唐代陶俑中的上等珍品。

唐三彩的器物种类繁多，以人物和动物（如马、骆驼）造型见长，尤其是大型的骆驼俑和马俑，比例协调，线条流畅，骨肉匀停，神气十足，极其生动精美。人物俑中，仕女俑雍容端庄，丰腴娴雅，体现出唐代的审美情趣；武士俑造型夸张，多为怒目圆睁、剑拔弩张之形象；同时还有胡俑，他们深目高鼻，身着胡装，充满着异域风情，体现着唐代兼容并包的社会态度。唐三彩艺术体现出古代工匠高超的技艺，同时也让今日的人们感受到唐代人的审美情趣及日常生活。

◀ 三彩马及牵马俑

从汉至唐，丝织品大量输往西方，同时也由国外输入很多马匹，以致非中国原有品种的马匹则为贵族们高价争购。而从事此种贸易的是居住在沙漠的胡人，是他们将马匹运至长安的。本作品描写胡人身着折襟的衣服，脚着长靴，这是依照当时常见的风俗加以描绘的。

▲ 三彩陪葬俑（一组）

这一组三彩陪葬俑据传出土于河南洛阳刘廷荀墓，一共是13件，除了一对镇墓兽、一对武士、一对文吏之外，还有两匹马、两匹骆驼和三个马夫。当时这一组陪葬俑被放置在主墓室的入口处。镇墓兽形制基本相同，面貌狰狞，给人以恐惧感。武士一人束发穿盔甲踩在黄色的牛背上，一人顶盔掼甲踩在异兽身上。两个文吏皆为拱手侍立状，一个面有须，一个白面无须。两匹马皆膘肥体壮，一饰黄釉，一匹挂绿彩装饰。骆驼皆为双峰驼，仰首长鸣，背负重物。三个马夫皆为胡人形象，身穿窄袖长衣，其中一人照顾骆驼，两人照顾马匹。整组陪葬俑施彩鲜亮，造型优美，如此完整的成规模的三彩俑十分罕见，不仅是唐三彩中的珍品，更是研究唐代丧葬制度不可或缺的实物资料。

五代

907年—960年

在裂土纷争的喧嚣中

叹天子不过走马灯

英雄无敌,终不免身死人手

文韬武略,却奈何时短命薄

词工亦难抵国破,三千里山河归尘梦

907年

（后梁开平元年三月）甲辰，唐昭宣帝降御札禅位于梁。……（四月甲子）诸司各备仪卫卤簿前导，百官从其后，至金祥殿前陈之。王被衮冕，即皇帝位。

——《资治通鉴》卷二百六十六《后梁纪》

朱温开梁

跟随黄巢起义的朱温，降唐之后由草寇一跃成为平乱功臣，不仅被赐名全忠，还领宣武军节度使之职。唐末中原诸藩镇势力中，朱全忠无疑是实力最强者，他铲除朝廷宦官势力，与其他藩镇节度使相角逐，最终成为历史的赢家。伴随着唐王朝的远去，朱全忠登上帝位，建立后梁。

主角
朱温

起家
黄巢起义军，降唐后受到重用，遂成为唐末最大的割据势力

立朝
后梁

手段
杀唐昭宗，逼其子唐哀帝让位

积极措施
重用贤良，废除重税，鼓励农业发展

归唐平乱

朱温（852年—912年），又名朱全忠，宋州砀山（今安徽砀山）人。唐僖宗乾符四年（877年），朱温加入了黄巢起义的大军，在攻打岭南的战役中表现突出。后来攻陷京师长安时，朱温被黄巢任命为东南面行营先锋使，之后又升任同州防御使。唐僖宗避难成都后，便召集天下节度使共同讨伐起义军，朱温此时屡次被河中王重荣击败，他向黄巢请求派兵支援，但因为黄巢手下中尉从中作梗，始终未能行得通。这时朱温手下的幕僚劝说他道，黄巢此人起于草莽，不足与之共事，最好归顺唐朝。朱温认真考虑后，最终斩杀了监军，向唐军将领王重荣投降。

后梁太祖朱温像
朱温（852年—912年），曾参与黄巢起义，后降唐为将，唐僖宗赐名朱全忠。但又密谋杀害唐昭宗，立唐哀帝，后废哀帝自立，建立"后梁"，称帝后改名朱晃。

都统王铎任朱温为左金吾卫大将军、河中行营招讨副使,僖宗又赐名全忠。

中和三年（883年），朱全忠升任汴州刺史、宣武军节度使。次年，朱全忠率兵向黄巢起义军出击，并且与南下的李克用会合，并肩作战，大败起义军。朱全忠紧追不舍，再次于郾城（属今河南漯河）大败黄巢，后者逃至中牟，又被王满军击败，最后逃到泰山狼虎谷自刎。黄巢之乱平定后，朱全忠被授予检校司徒、同中书门下平章事的衔号。

称霸中原

黄巢之乱平定后，朱全忠开始陆续打压其他的藩镇割据势力。秦宗权在蔡州（今河南汝南）称帝后，又攻陷了陕州、洛州等多处州县，并派遣军队攻打汴州，朱全忠因为自己兵少，所以先派手下往东方募兵，并且向兖州、郓州求救。次年准备充足后，一举击败了秦宗权的军队，之后朱全忠便占领了河阳、洛阳之地。淮南节度使高骈死后，僖宗以朱全忠兼领淮南节度使之职，全忠以杨行密为副使。文德元年（888年），又兼任蔡州四面行营都统。次年唐僖宗去世，不久后天雄军发生了叛乱，将士们将节度使乐彦贞因禁，朱全忠派遣朱珍平定了天雄军之乱。

同年五月，朱全忠派行营兵攻打蔡州，围攻了百余日都没能攻陷。此时虽然朱全忠名义上统管行营，但时溥依

> 天下人心共恶梁，
> 祇应无奈虎狼疆。
> 可怜千尺黄河水，
> 投尽清流始灭唐。
> ——宋·王十朋

梁太祖

然为东南面都统，这让全忠心中不快。所以他向新即位的昭宗上书，称时溥讨伐蔡州不力，与此同时朱全忠还想方设法要激怒时溥，好找到借口出兵攻打。之后朱全忠击败了时溥，又陆续夺取了宿州、徐州等地。龙纪元年（889年），唐昭宗赐朱全忠爵号东平王。此时的朱全忠已经是中原地区最为强大的地方割据势力。

长安"勤王"

天复元年（901年），朱全忠被封为梁王。此时长安皇宫中屡有宦官作乱，之前宦官刘季述甚至将唐昭帝幽禁东宫，后为孙德昭所杀。刘季述虽死，但北司宦官势力依然庞大，宦官韩全海和凤翔节度使李茂贞等勾结，企图挟天子以令诸侯。宰相崔胤暗中与梁王朱全忠商议，计划领兵入长安诛杀宦官集团。不料此事被韩全海所知，故而诸宦官也谋划要除掉崔胤。崔胤见事情败露，便假传圣旨召梁王朱全忠领兵入关。

十月，朱全忠发宣武、宣义、天平、护国等藩镇兵7万人，以"勤王"

的名义入关，大军至同州（今陕西渭南），又攻陷华州（今陕西华县）。宦官韩全诲听闻朱全忠领兵入关，急忙挟持着唐昭宗前往凤翔，由凤翔节度使李茂贞保护。昭宗下诏罢免了崔胤的宰相之职，同时要求朱全忠退兵。全忠暂时将军队安置在三原，次年又退兵河中。

四月，朱全忠派遣朱友宁引兵向西，准备攻打凤翔。到了兴平后，与李茂贞在武功（今陕西武功）激战，大败敌军。此后朱全忠军数次击败李茂贞的军队，最后将凤翔围困。城中逐渐弹尽粮绝，天子及宫中众人皆受困挨饿。天复三年（903年），李茂贞斩杀了宦官韩全诲等20余人，并让皇帝从中和解，向梁王示好。不久，梁王护送唐昭宗返回长安，朱全忠入宫后诛杀宦官700余人，后被封为诸道兵马副元帅。

代唐称帝

唐末的皇帝已经成了傀儡，地方藩镇势力互相攻伐，梁王朱全忠在击败凤翔节度使后，占据了完全的优势。在此之前，朱全忠曾多次请求皇帝迁都洛阳，以图挟天子以令诸侯，没想到凤翔节度使李茂贞与宦官联手，先下手为强，将皇帝挟持到凤翔，最后朱全忠成功"勤王"，此时梁王朱全忠俨然成为最为强势的人物。天祐元年（904年），朱全忠到河中，派遣牙将寇彦卿至长安再次请昭宗迁都，此时唐昭宗已经没有可以依靠的军事力量，只能顺从实力强盛的梁王。到了洛阳不久，昭宗便被朱全忠所杀，复立李柷为帝。

天祐四年（907年），唐哀帝李柷禅位，梁王朱全忠在大梁（今河南开封）即皇帝位，定国号为梁，改元开平。持续了近三百年的大唐王朝正式宣告结束，同时也意味着天下一统局面的破裂，大好河山又进入地方割据的时期。五代时期政权交替频繁，朱全忠建立的后梁不过存在了16年，便被晋王李存勖的后唐政权取而代之。

五代·布达拉宫观音坐像
木质，观音发髻高隆，身披璎珞，神态安详，微笑俯视。在藏传佛教里，布达拉宫就是观音菩萨道场，是观音菩萨在人间的居所。现藏于美国克利夫兰美术馆。

五代梁·赵嵒·八达春游图

赵嵒，生卒年不详，陈州（今河南）人，为五代梁太祖的驸马，也是当时有名的画家与收藏家。曾于唐末重金收购名画五千余幅，并礼遇画家胡翼、王殷，与其一同鉴定画作优劣。赵嵒善画人、马，俊挺有气格，但流传至后世的画作甚少。画面中八位骑马的达官贵人，身着红、紫、绿三色衣物，符合唐代流传下来的衣冠制度。

923年

（后唐同光元年）晋王筑坛于魏州牙城之南。夏，四月，己巳，升坛，祭告上帝，遂即皇帝位，国号大唐，大赦，改元。

——《资治通鉴》卷二百七十二《后唐纪》

生子当如李亚子

后唐开国皇帝李存勖，继承其父李克用的志向，于割据势力中一跃而起，建立了五代第二个政权——后唐。这位出身北方少数民族的皇帝，具有杰出的军事才能，英明神武而又勇猛善战。然而也正是他，即位才三年便死于叛乱将士之手，可谓是成也勃焉，败也忽焉！

主角
李存勖（李亚子）

出身
西突厥沙陀部

立国
后唐

起家
河东节度使、袭封晋王

特长
善于骑射、精通音律、胆略过人

主要成就
灭亡后梁、前蜀

用兵奇才

李存勖（885年—926年），小名亚子，是沙陀首领李克用的长子。李克用因助唐镇压黄巢起义有功，后被封为晋王。当初李克用在邢州（今河北邢台市）攻打孟方立之后，军队还师于上党（今山西长治），李克用置酒犒劳三军将士。宴会上伶人演奏《百年歌》，歌曲进行到衰老之际时，音乐颇为悲怆，在座的将领都有凄凉惨淡之感。这时李存勖也在一旁，年方五岁，李克用感慨地手捋胡须，指着儿子李存

后唐庄宗李存勖

李存勖（xù，885年—926年），小字亚子，代北沙陀人，生于晋阳（今山西太原），唐末五代领军十余年，大小百余战，作战英勇异常。但打了天下，却不懂得治天下，宠幸伶人，重用宦官，又吝于银钱，不抚恤士卒，三年后因兵变被杀，失败之速，亦是罕见。北宋欧阳修写《新五代史·伶官传序》便是讨论李存勖沉溺逸乐、宠幸乐官而致亡国的史实，叹惜李存勖功成后没有维护住大好局面，说明"忧劳可以兴国，逸豫可以亡身"的历史规律。

勖，笑着对众人说："我马上就要老了，但我这个儿子有奇才，二十年后，他必定能代替我征战沙场。"可见李克用对长子存勖之器重。

天祐五年（908年），李克用死后，李存勖在太原继承父亲晋王的爵位。他的叔父李克宁此时产生异心，杀死了都虞候李存志，大臣史敬镕向李存勖报告说李克宁谋反。次月，李存勖将叔父抓捕后斩杀，随后将李克用的死讯及李克宁叛变的消息告知了周德威，后者是李克用的心腹大将。

周德威闻讯后急忙带领军队回到太原，而后梁军队听说晋王遭遇丧事，并且周德威的军队已经撤回，所以逐渐麻痹大意起来。晋王这时对手下将领说："梁人庆幸我们有大丧在身，又以为我年少新立，没有什么能力，所以应该趁现在敌方懈怠，大举进攻。"于是发兵前往上党，正好碰上夜晚大雾，可谓占据天时地利，大军在雾中前行，梁国军队也难以发现。在夜色和大雾的掩护下，晋军将士进攻梁国夹城，大破敌军。梁国君主听闻夹城失守，感叹道："生子当如李亚子，如此这般，就如同李克用没有死一样。哪像我的儿子们，都和猪狗一般！"李存勖的军事才能和杰出的领导能力，在这次对梁国的进攻中体现得淋漓尽致。

天祐六年（909年），梁国大将刘知俊叛梁，向晋王请求军队支援，晋王李存勖亲率军队至阴地关（今山西灵石西南），同时派遣周德威攻伐晋州，大

唐庄宗宠幸伶人

出自16世纪《帝鉴图说》。后唐的开国君主庄宗李存勖从小擅长音律，所以那些伶人多能受到他的宠幸，得以侍奉在他左右。庄宗有时也自己化装，和众优伶在庭堂上共同演戏，以让刘夫人高兴。优伶们也常常把他叫作"李天下"。这些优伶常出入宫禁，侮辱和戏弄士人官员。庄宗也听信他们的谗言，疑忌和疏远宿将功臣，逼得众将叛离作乱，庄宗则为乱兵杀死。侍臣们把宫廷内他平时喜欢的乐器，聚集在他尸体旁一起焚烧掉了。

败梁军于蒙阮（今河北晋州附近）。次年冬天，梁国派王景仁攻略赵王之地，赵王王镕向晋王求救，晋王手下诸将都觉得王镕有诈，建议不要出兵，但是李存勖坚持派兵救援。天祐八年（911年），晋王军队与梁国在柏乡（今河北邢台境内）大战，斩杀梁军士兵两万余人，俘获敌军将领300人，战马3000匹。

燕王刘守光听说晋攻取梁国地盘已经很深入，大有唇亡齿寒之忧虑，于是整治军队准备出兵，扬言说要相助晋军。晋王李存勖对刘守光的想法心知肚

明,所以提早从梁国前线撤回军队。其后不久,刘守光便在燕称帝。次年,李存勖遣周德威攻打燕军,刘守光向梁国搬取救兵,因为赵王与晋王是盟友关系,所以梁国派军进攻赵军,不料被晋军大将李存审击败。天祐十年(913年),刘守光向晋王假装投降,等到李存勖到达幽州(今北京)后,刘守光便违背约定,李存勖带领军队将其一举击破,后在太原将刘守光斩杀。之后不久,赵王王镕、北平王王处直向晋王李存勖俯首称臣。

之后的几年时间里,李存勖领兵与梁军长期对峙,屡次击败梁国军队,其地盘也不断归晋王所有,节节败退的梁军逐渐难以支持。到了天祐十七年(920年),即后梁贞明七年,晋军已经深入梁国腹地同州(今陕西渭南大荔县)。次年,河中节度使朱友谦、昭义军节度使李嗣昭等人向晋王上奏,请求李存勖即皇帝位,李存勖再三推辞,在众人的再三请求下,晋王说:"我会认真考虑。"

即位建唐

后梁龙德三年(923年)四月,晋王李存勖即皇帝位,定国号为唐,改元

五代后唐·胡瓌·卓歇图(局部)

胡瓌,生卒年不详,契丹人,范阳(今河北涿州)人。五代后唐画家,擅画人物、鞍马,尤长于描绘北方游牧民族的生活。《卓歇图》的构图相当精彩,虽人物、鞍马众多,形神各异,但作者处理得起伏有致、有条不紊而又浑然一体。各部分联结疏密得当,跌宕多姿犹如一曲美妙的旋律。另外,胡瓌的绘画技巧也是出色的,线条勾画准确有力,"虽繁复细巧,而用笔清劲……以狼毫缚笔疏渲之,取其纤健也"。

同光。同年十月，李存勖准备与梁军决一死战，在这最关键的时刻，他将自己的妻子魏国夫人和皇子送回兴唐，分别时对他们说："事情成败在此一举，如果失败，我们一家三口便在魏宫中聚首自焚吧！"其破釜沉舟之心让人不禁感慨。

五代后唐·胡瓌·卓歇图（局部）

怀着破釜沉舟之心，李存勖带领军队从杨刘（位于今山东东阿北）渡过黄河，大军行至郓州（今山东郓城），半夜时分又进发到汶水。他命李嗣源为先锋首先出战，第二日一早便遇到了梁军，给予对方以重创。追到中都，将城池围了起来，城中并无守备的军事力量，不久，梁国军队便土崩瓦解。梁主将王彦章受伤被擒。终于皇天不负有心人，后唐新主李存勖在此月攻破大梁（今河南开封），后梁灭亡。

李存勖长年在战场上厮杀，虽然长于用兵，但却不善治国。他即位后宠幸伶人，不理政事。即位三年后，李存勖被兵变的将士所杀，战火将他的尸骨烧成灰烬，消逝在历史的烟尘中。

936年—942年

（天福元年十一月）契丹主作册书，命（石）敬瑭为大晋皇帝……是日，即皇帝位，割幽、蓟、瀛、莫、涿、檀、顺、新、妫、儒、武、云、应、寰、朔、蔚十六州以与契丹，仍许岁输帛三十万匹。

——《资治通鉴》卷二百八十《后晋纪》

"儿皇帝"石敬瑭

五代的两个政权后梁、后唐转瞬即逝，后唐大将石敬瑭在契丹的支持下，建立晋国，史称"后晋"。然而石敬瑭却是软弱之辈，不惜称契丹首领为父，以此来赢得兵力支援。这样的傀儡政权终究难以长存，在战乱中挣扎十年后，又被契丹军队灭亡。

主角
石敬瑭

出身
沙陀部

立国
后晋

起家
河东节度使

性格
朴实稳重、寡言笑、喜兵书

负面事迹
为换取支持，向契丹割让燕云十六州

五代·李赞华·东丹王出行图
李赞华（899年—936年），本名耶律倍，小字图欲，契丹人，辽太祖耶律阿保机长子。《图画见闻志》谓名突欲，号人皇王。926年契丹人灭渤海国，其被册封为东丹王，统领渤海国旧地。阿保机死后，次子耶律德光继位，耶律倍受到监视，其恐遇不测，于长兴二年（931年）投奔后唐。

效命后唐

石敬瑭（892年—942年），与后唐宗室一样，也出身于沙陀部。其父为李克用手下的大将，常随晋王东征西讨，立下累累战功，后唐建立被封为洺州（今河北永年）刺史。石敬瑭为次子，唐景福元年（892年）生于太原，从小深沉寡言的他，很受后来成为后唐明宗的李嗣源的喜爱，李嗣源还将女儿嫁给了石敬瑭。后来又成为李嗣源麾下大将，成为亲兵"左射军"的首领。

当时李存勖在夺得魏地后，不料梁国将领刘鄩

又进攻清平（今山东高唐西南），不得不撤兵回转搭救，就在军队正排兵布阵之际，刘掞领兵掩袭。石敬瑭率领十余骑兵以槊横击敌军，才使得军队转危为安。此后与后梁的战役中，石敬瑭还多次搭救李嗣源。李存勖下属赵在礼发动兵变时，李嗣源带兵前去镇压，然而刚到魏地自己的军队也发生了兵变，李嗣源本来打算独自返回大梁向李存勖请罪，石敬瑭却对他说："军队在外边发生了兵变，难道作为首领的你还能求得自保吗？犹豫不决乃兵家之大忌，还不如快点行动。"李嗣源听从石敬瑭的建议，占领了汴州，成为后唐第二任皇帝。石敬瑭作为最大的功臣，被封为保义军节度使兼任六军诸卫副使。

石敬瑭像

伺机而动

后唐李嗣源为帝期间，石敬瑭的职位不断被提升，最后做到了河东节度使，并且兼任多镇藩汉马步军总管，逐渐成为后唐政权中兵权最大的将领。长兴四年（933年），李嗣源去世，李从厚即位成为后唐闵帝，石敬瑭又加衔中书令，不久后出镇藩镇成德。同年，潞王李从珂在凤翔起兵造反，闵帝出逃，正好在路上碰到石敬瑭。石敬瑭斩杀了闵帝的随从100余人，将闵帝幽禁在卫州（今河南北部），然后离去。与此同时，李从珂即位称帝，是为后唐末帝，他怀疑石敬瑭必定会造反，所以处处提防。

李从珂与石敬瑭原先都在李嗣源手下为将，皆以勇武善战著称，但是两人一直关系不佳。李从珂即位后，石敬瑭不得已从军镇入朝，等到明宗李嗣源下葬后，也不敢要求回到军镇，因为他也知道新即位的后唐皇帝对自己猜疑颇重。最后在朝中大臣的劝说下，末帝李从珂准许石敬瑭出任河东节度使。同时，石敬瑭还兼任北面总管，负责抵御北方契丹军队侵犯边境。返回驻地的石

敬瑭开始暗自思虑保全自己的对策,他在外常装作大病初愈之貌,显得自己身体羸弱。实际上石敬瑭已经将心腹安插到了李从珂身旁,对其行动了如指掌。

献土称帝

天福元年(936年),李从珂命石敬瑭改任天平军节度使,石敬瑭愤怒地对下属说:"先帝授予我太原之地,就是让我老死于此。现在无缘无故要将我迁到别处,分明是怀疑我有造反之心。而且太原地势险要、粮食丰盈,我不如在国内发檄书告知诸节度使,对外向契丹请求援兵,这样如何?"大臣桑维翰、刘知远等都纷纷表示赞同。石敬瑭先向李从珂上表,称其不当立为皇帝,请求立许王为明宗的后嗣。末帝李从珂大怒,下诏夺取了石敬瑭的官职和爵号,又命张敬达率大军讨伐。

石敬瑭派遣使者向契丹求援,让桑维翰起草书信向契丹首领称臣,并且表示愿意以父亲的礼节对待契丹,约定等事成之日,割让卢龙一道及雁门关以北诸州送与契丹。刘知远上谏说:"向契丹称臣倒是可以,但以父礼对待就太过分了。给他们足够的金银财宝,便能够搬得动救兵,不需要再答应给契丹割让土地。要不契丹将来必定会成为威胁中原的祸患,到时后悔都来不及。"但是石敬瑭完全没有听从。

契丹首领接到书信后心中大喜,觉得中原之地终于有机可乘了,他对自己的母亲说:"儿子曾梦到石敬瑭会派遣使者来,没想到今天果然如此,这真是天意啊!"于是答应了石敬瑭的请求。九月,契丹首领率骑兵五万南下,大败后唐军队。同年十一月,石敬瑭在契丹的支持下称帝,国号大晋,是为后晋高祖。与此同时,石敬瑭按照约定割让幽、蓟等十六州给契丹,答应每年再输送丝帛三十万匹。石敬瑭的这一行为,对后来的历史造成了深远影响,契丹借此得以屡次侵夺中原之地。

"儿皇帝"

石敬瑭在契丹的支持下,以"儿皇帝"的身份登上帝位,对契丹首领极尽谄媚之能事。天福三年(938年),石敬瑭向契丹首领及太后上尊号,派冯道、刘煦为使者主持册礼,卤簿、仪仗、车辂等准备停当,往契丹行礼。这让契丹首领大为喜悦。石敬瑭每逢向契丹上表,皆自称为臣,尊称契丹首领为"父皇帝"。除了向契丹每年输送金银财宝三十万之外,不论吉凶之事,或者庆贺吊唁,石敬瑭都要送去大量的奇珍异宝,送礼的车辆不绝于道。

这样的行为让天下人所不齿,所以地方藩镇群起而攻之。持续不断的地方起义和战争,以及契丹频繁派遣使者来责让,终于让石敬瑭不堪重负。天福七年(942年),石敬瑭抑郁成疾,不久后便去世。

五代·舞俑木雕
木质，女俑束高髻，双目前视，内穿圆领短襦，外罩翻领窄袖胡装，下穿皱褶长裙，裙长曳地，腰束革带一手高举扬袖（已失），一手低垂回。现藏于美国克利夫兰艺术博物馆。

947年

（天福十二年）辛未，刘知远即皇帝位……壬申，诏：'诸道为契丹括率钱帛者，皆罢之。其晋臣被迫胁为使者勿问，令诣行在。自余契丹，所在诛之。'

——《资治通鉴》卷二百八十六《后汉纪》

刘知远建后汉

当后晋的第二任皇帝石重贵，因不满石敬瑭向契丹称臣，所以发兵北上大动干戈时，后晋大将刘知远只是在一旁观望。等到契丹消灭后晋，刘知远便趁势而起，自称皇帝，建立后汉政权，与此同时又基本统一北方。然而刘知远注定非天命所归，称帝未满一年便病逝。

主角
刘知远

出身
沙陀部

立国
后汉

性格
内向、寡言、勇猛

主要事迹
破契丹，立后汉

后汉高祖刘知远像
刘知远（895年—948年），后汉高祖，五代后汉开国皇帝，即帝位后改名刘暠，死后谥睿文圣武昭肃孝皇帝。其统治期间，各地割据成势而朝廷难控，并且手下多贪婪之辈，因此形成弊政，一时敛赋成灾。

坐山观虎斗

刘知远（895年—948年），与后唐、后晋的创建者一样，都出生在沙陀部。后来世代居住在太原，刘知远从小不喜欢玩耍，沉默寡言，老成持重，其面色发紫，眼睛有凛凛之光。起初与石敬瑭都在李嗣源手下为将，刘知远是偏将。一次李嗣源与后梁军队在德胜（今河南清丰附近）作战，石敬瑭所乘之马的铠甲突然断裂，眼看着就要被梁兵追上，刘知远急忙将自己的马给石敬瑭，自己随后又找到石敬瑭的马骑上回去。从此石敬瑭便对刘知远十分器重，他留守河东节度使时，便以刘知远为押衙。

应顺元年（934年），后唐李存勖死后，潞王李从珂起兵谋反，闵帝李从厚出奔，石敬瑭正好从军镇前往京师洛阳，在路上遇到了李从厚，于是便将闵帝留在了驿站中。二人交谈之际，刘知远暗中派遣壮士袖中藏着铁椎侍立在石敬瑭旁边以防不测，果然闵帝的手下率先动手，刘知远先保护着石敬瑭进入内室，然后让壮士与闵帝士兵格斗。最后刘知远又率兵将闵帝的随从全部斩杀，把闵帝幽禁在驿站中然后离去。

后来废帝李从珂与石敬瑭产生矛盾，石敬瑭返回军镇任河东节度使，即将准备起兵反后唐之际，刘知远和桑维翰秘密为石敬瑭出谋划策，最终支持了石敬瑭向契丹求援兵的计划。天福元年（936年），石敬瑭在太原即皇帝位，任命刘知远为侍卫亲军都虞候，并领保义军节度使之职。契丹首领耶律德光送石敬瑭返还潞州，临别时对石敬瑭说："你这个都军刘知远可是很厉害，没有大的问题，不要抛弃他！"可见刘知远确有过人之处。

次年，刘知远被任命为侍卫马步军都指挥使，领忠武军节度使。不久后石敬瑭又让杜重威代替刘知远成为忠武军节度使，而让刘知远迁到归德军任节度使。刘知远耻于和杜重威任同样级别的职务，所以杜门不出。这让石敬瑭愤怒不已，便想要罢免刘知远的军权，宰相赵莹认为不合适，石敬瑭便又派遣端明殿学士和凝到刘知远家中再次宣布任命，他这才接受。几年之后，刘知远已经官任石敬瑭原先担任过的河东节度使之职，并兼领北京留守。

石敬瑭死后，石重贵即位为后晋

五代·无款·法华经普门品变相图
此为典型的10世纪的供养画，供养人像占去画面的三分之一。主尊六臂观音着宝冠，冠上有化佛。六臂或结印、或持法器。上二手托日、月；中二手作说法印，下二手分别持明珠与宝瓶。这体现了五代时期藏地密宗信仰与汉地传统佛教信仰相混杂的情况。主尊周边以连环画的形式描绘了《法华经普门品》所记的观世音救苦救难的情形。此幅多用墨线勾勒，设色较淡。

皇帝，他不满于石敬瑭对契丹俯首称臣，甚至将契丹首领称为"父皇帝"的做法，所以即位后便向契丹发动了战争。契丹主耶律德光也派兵南下攻打后晋，刚开始石重贵还能将契丹军队打得节节败退，但随之心生大意，加上杜重威向契丹投降，所以契丹军队很快攻到开封，后晋也随之灭亡。就在后晋和契丹的几次战役中，镇守河东的刘知远始终做观望之状，等他知道契丹军队已经进入汴州城（今河南开封）时，便分遣

五代·无款·地藏十王图
画中,地藏菩萨左手持锡杖,右手持宝珠坐于中央,周围一圈是在地狱中司掌冥判的十王在确定人死后的归属。其中八个王身着传统文官服饰,右上角身着将军盔甲的是第十王即五道转轮王,左下角为身着帝王服饰的第五王即阎罗王。地藏菩萨的下方绘有道明和尚和金狮子,与诸王等大,身边有一牛头狱吏牵着一男子,从旁边的镜中可窥知此人生前犯过杀生罪。作品采用了多个场面组合起来的构图方法,有序而紧凑。敦煌藏经洞出有多件地藏十王的绢画,分别藏于伦敦大英博物馆和巴黎吉美博物馆。

部队守卫自己的四方领地,防止契丹突然进攻。之后,他又派手下将军王峻前往汴州,向契丹主耶律德光朝贺,还遣北都副留守白文珂向契丹进献丝绸和名马。

有人劝说刘知远应该举兵向契丹进攻,刘知远却淡然地说道:"用兵有缓有急,应当寻找时机行动。现在契丹刚占领汴州,降服晋国军队十万人,盘踞在汴州,如果没有其他异变,岂能轻举妄动。契丹人不过就是想要掳掠财物,等到他们满足后自然会离去。"当刘知远听说和重建向蜀国投降时,他感叹道:"现在戎狄侵袭华夏,中原没有万众归心的首领,众多藩镇势力又外附,我作为地方之长官,深深感到愧疚!"刘知远的言辞似乎是在为自己称帝做铺垫,既然中原无主,那么他便要自告奋勇。就在此时,

攻入中原腹地的契丹首领耶律德光,在开封接受汉族百官朝贺并称帝,改国号为辽。

即位称帝

天福十二年(开运四年,947年),诸将领劝刘知远称皇帝尊号,以此号令天下四方。刘知远起初没有答应,听说辽人带着晋出帝石重贵往北去了,他还扬言要出兵北伐,当然这只是政治作秀而已。不久后刘知远在太原即皇帝位,声称不忍心改掉晋国之号,但又不喜欢"开运"这个年号,所以恢复为石敬瑭的年号,称天福十二年。刘知远称帝后,一次集合群臣商量进攻契丹(辽)之事,诸位将领请求出师井陉(今河北井陉),攻取镇、魏,先平定河北,然后河南之地自然平定。此时不仅辽威胁着北部边境,其国境内也是势力割据。郭威向刘知远建议先攻取陕、晋,然后远征北部边境。后汉帝接受了这一建议。

到了第二年正月,刘知远便改元乾祐,不幸的是,就在同一个月,刘知远便因病去世。在他短短不到一年的统治时间里,军阀割据势力始终存在,虽然暂时稳定了中原局势,但仍未改变天下分裂的局面。

五代·青铜菱花镜

> **951年**
>
> 广顺元年,春,正月,丁卯,汉太后下诰,授监国(指郭威)符宝,即皇帝位。监国自皋门入宫,即位于崇元殿。制曰:"朕周室之裔,虢叔之后,国号宜曰周。"改元,大赦。
>
> ——《资治通鉴》卷二百九十《后周纪》

郭威称帝

后汉隐帝刘承祐任用宵小,企图诛杀一众立国功臣,朝中宰相相继被杀,领兵在外的诸藩镇大将也难幸免。正在北境抗御外敌的郭威知道后,愤然而起,领兵南下逼退了昏庸的刘承祐。五代的王朝和皇帝如走马观花般,终于迎来了最后一个朝代,在其中也逐渐孕育着新时代的种子。

主角
郭威

出身
泽潞节度使李继韬亲兵

立国
后周

性格
勇武有力、豪爽负气、善抚将士

积极措施
提倡节俭、免苛敛、宽刑法;严惩贪官、严禁军队扰民

后周太祖郭威像
郭威(904年—954年),邢州尧山(今河北隆尧)人,汉族,字文仲,小名"郭雀儿"。后周的建立者。生性节俭,在位期间虚心纳谏、改革弊政,使北方地区的经济、政治形势渐渐趋向好转。

少年勇猛

郭威(904年—954年),邢州尧山(今河北邢台隆尧)人。其父郭简,后晋时做过顺州(今北京顺义)刺史,刘仁恭击破顺州时,郭简被杀,此时尚年幼的郭威便成为孤儿,后来被潞州姓常的人家收养。潞州留守李继韬征募勇猛之人当军卒,郭威时年十八,便靠着勇敢去应选。他为人凭恃意气,不愿屈居人下,并且嗜酒,李继韬对郭威也特别看重。

李继韬判晋归附后梁,后唐庄宗李存勖灭了后梁,李继韬也被诛杀。其麾下的将士全都归属到皇帝亲兵中,郭威因为会书写、能计算被授予了下级军官的职位。郭威喜欢读《闫外春秋》,对兵法略知一二,后来成了后唐侍卫军的军吏。后汉

高祖刘知远任侍卫亲军都虞候时，对郭威颇为喜爱，后来刘知远几次出任藩镇节度使，都带着郭威随行。契丹南下灭晋，刘知远在太原起兵称帝，与此同时郭威也被提拔为枢密副使。

顾命大臣

乾祐元年（948年）正月，刘知远病重，在弥留之际，他将国家政事托付给了信任的郭威和史弘肇等人。隐帝刘承祐即位后，拜郭威为枢密使，成为顾命大臣。这年三月，河中节度使李守贞、永兴节度使赵思绾、凤翔节度使王景崇三人举兵造反，刘承祐派遣白文珂、郭从义、常思分别征讨叛军，但是出师不利，战事持续很久都未能取胜。隐帝便对郭威说："我想劳烦您可以吗？"郭威回答道："臣不敢主动请战，但是也不敢推辞，唯陛下您的命令是从！"于是给郭威加同中书门下平章事之衔，让他往西境督促诸将军。

郭威在军中召见宾客，其衣着闲适儒雅，待到在战场上临阵杀敌之际，便幅巾短衣，看着精干朴素，和一般士兵没什么两样。皇帝赐予的金银珠宝，郭威在与将领们比赛射箭时，让他们任意挑选，其余的便分发给下层的士兵，所以将士都心满意足。

郭威到河中后，自己驻扎在城东，常思、白文珂分别驻扎在城南、城西，然后又调来附近五个县的壮丁二万人，分别在三个军营前修筑工事。郭威手下的将军们都说李守贞已经穷途末路，很快就能被消灭，不应该再劳师动众修建防御工事，但是郭威没有理会。不久，李守贞数次出兵破坏郭威修建的壁垒，郭威每次都及时修补，李守贞又再次出击，但是每次出兵都必有伤亡，而郭威只是以逸待劳。如此持续很久，李守贞城中逐渐粮食用尽，这时郭威说："可以了！"便准备攻城的战备工具，约定日期后，命令士兵从四面攻城，很快便攻破城池，李守贞和妻儿

沧州铁狮子
位于河北省沧州市东南郊，距离市区16千米。铸成于后周广顺三年（953年），民间称之为"镇海吼"，相传为遏海啸水患而造，是中国现存年代最久、形体最大的铸铁狮子。沧州铁狮子坐落于原开元寺前，背负巨盆相传是文殊菩萨莲座，狮身向南，头向西南，左脚在前，右脚在后，呈前进状。

自焚而死，不久后赵思绾、王景崇也依次投降。

遭受猜忌

这年冬天，契丹军队侵犯后汉北境，郭威作为枢密使北伐征讨，到了魏州（今河北大名东北），契丹又遁走。乾祐三年（950年），郭威带兵凯旋。四月，郭威任邺都（今河北临漳）留守、天雄军节度使，同时还兼任枢密使的职务。宰相苏逢吉对位高权重的郭威颇为忌惮，所以他对隐帝刘承祐说枢密使不可以兼任藩镇的节度使，为此和史弘肇产生争执。不过，最后郭威还是以枢密使的身份出镇天雄军，河北诸州都归他管辖。

就在郭威镇守北境的时候，朝廷中出现了权力之争。隐帝刚即位之后，后汉的发展呈现出欣欣向荣之势，内有右仆射、同平章事宰相杨邠总枢机之事，外有枢密使兼侍中郭威主征伐之事，同时还有亲军都指挥使史弘肇管理京城军事，三司使王章主掌国家财政，国家总体比较安定。

但逐渐地，刘承祐开始任用宦官，外戚也借助太后的关系干预政事，于是内臣与外廷便迸发出矛盾。最后在隐帝跟前得宠的外戚李业及一众佞臣，借助刘承祐之手诛杀了杨邠、史弘肇等大臣，并且意图进一步夺取地方节度使的兵权，郭威自然也在其中。他们在皇帝面前诬陷郭威有造反之心，隐帝也深信不疑，于是下密诏遣使者往北境诛杀郭威等将领。

起兵称帝

刘承祐先下令给镇宁军节度使李弘义，让他往澶州（今河南濮阳）杀死侍卫军指挥使王殷，又派遣侍卫马军指挥使郭崇，企图杀害郭威及宣徽使王峻。但是偏偏李弘义是个胆小怕事之辈，他怕事情不能成功，便将皇帝的诏书给王殷看了，王殷和李弘义便紧急将此事告知郭威。之后不久皇帝的使者到来，郭威将诏书藏了起来，然后让手下篡改，伪造了诏书，大意为皇帝下诏要郭威诛杀军中将领，然后郭威把假诏书拿给将领看，自然军中将士哗然，群情激愤，都劝说郭威不如顺从天意，带兵南下。

郭威既然能篡改本来要求斩杀自己的诏书，说明他已经有讨伐隐帝之心，篡改诏书只不过是为了获得将士支持。他将自己的养子柴荣留着镇守邺都，自己带领大军南下向隐帝所在的都城进发。其所过之处，州县官员及将领都纷纷归顺，几乎没有遇到抵抗，知道郭威起兵反叛的消息后，刘承祐听信谗佞之言，将郭威的家人全部抓起来，不论老幼赶尽杀绝。这更加刺激了郭威，几日之后郭威大军进入开封城，杀死了刘承祐，在京师中纵火掠劫。次年（951年）正月，郭威正式称帝，改元广顺，定国号为周，史称后周。

莫高窟第345窟之五代时期射手

882年—954年

(冯)道历任四朝,三入中书,在相位二十余年,以持重镇俗为己任,未尝以片简扰于诸侯,平生甚廉俭。逮至末年,闺庭之内,稍徇奢靡。

——《旧唐书》卷一百二十六《冯道传》

"长乐老"冯道

五代时期有位宰相,名曰冯道。他历经后唐、后晋、后汉、后周四朝,前后服务于十位皇帝,在官场中如鱼得水,深受皇帝信任与喜爱。然而后世史家或称其为"不倒翁",或说他是无廉耻之人,也有人为其鸣不平。冯道是如何为人处世,才招致如此有争议性的评价?

主角
冯道

闻名事迹
历四朝十帝,终任将相、三公、三师之位

主要成就
以唐代开成石经为底本,雕印儒家《九经》

性格
清俭宽弘,滑稽多智、浮沉取容

冯道像
冯道(882年—954年),字可道,号长乐老,瀛州景城(今河北沧州西北)人。后唐、后晋时任宰相。契丹灭后晋后又到契丹任太傅。后汉时任太师。后周时任太师、中书令。被誉为政坛"不倒翁"。

贫贱简朴

冯道(882年—954年),字可道,瀛州景城(今河北河间境内)人。他的祖先既有为农生产者,也有读书成为儒士者,只是不那么持久。冯道年少时性格淳厚,好学并且善于写文章,对于家中贫贱的生活不以为耻,除了外出背米回来侍奉双亲外,整日就是吟诵读书。有时虽然大雪纷飞甚至掩盖了屋门,或者席子上沾满了尘土,冯道仍旧坦然自若地读书。

唐末天祐年间,冯道在刘守光的手下当参军,有一次刘守光将要出兵之际,向僚属们征求意见,冯道便将利害关系和盘托出,这让刘守光极为不满,便将其投放狱中,后来幸亏有人搭救出狱,才幸免于难。后来刘守光战败,冯道便投奔河东军监军宦官张承业，任职巡官。张承业对冯道的文章和行事很欣赏，不久后便将其推荐给时任晋王的李存勖，官任河东节度掌书记，也就是河东节度使的秘书。同光元年（923年），李存勖即皇帝位，建立后唐，冯道也因此被提拔为户部侍郎，并充任翰林学士。

冯道为人颇为简朴，能够刻苦自守。当时晋王和后梁的军队分别驻扎在黄河两岸，冯道亦从军而居，搭了一个茅草屋，也没有铺设床席，自己就睡在一堆茅草上。他所得到的俸禄，都用来与仆人和手下一同饮食，并且以此恬然自乐。如果遇到军中有将领掳掠了别人家的女子，并且送给他，冯道便会将女子安置在别的帐中，然后将其送还家中。后来父亲去世，冯道便辞官回到景城的家中守丧，正好碰到城中遭遇荒

五代·杨凝式·韭花帖
杨凝式（873年—954年），字景度，号虚白，陕西华阴人。唐末为秘书郎，五代时官至太子少师，也称"杨太师"。他曾佯疯自晦，所以"杨疯子"便成了他的雅号。他能吟诗，多杂谈谐，尤善于书札。杨凝式的字多写在墙上，笔法纵逸遒放。黄庭坚至洛阳遍观僧院壁间墨迹，他说："杨少师书，无一字不造微入妙，当与吴生画为洛中二绝。"

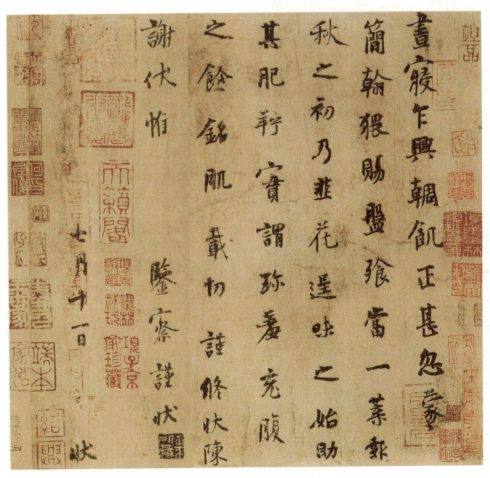

年，他便献出自己的财产救济灾民，同时又退到田地中耕作，亲自砍柴耕地。等到丧期结束，冯道回到朝廷中继续任职，为翰林学士。

历任宰相

后唐李嗣源继位，他知晓冯道的大名，于是便询问安重诲说："先帝时的冯道现在何处？"安重诲回答道："现在任翰林学士。"李嗣源语重心长地说："我很早便听说过冯道，他真的是我的宰相啊！"于是将冯道改任为端明殿学士，又提拔为兵部侍郎。一年多后，冯道被任命为中书侍郎、同中书门下平章事，成为后唐宰相。此后20多年中，不论时局如何动荡，朝代如何更迭，冯道总是能在新朝廷中出任宰相，官居高位且受皇帝信任。

后晋建立，晋高祖石敬瑭任命冯道为守司空、同中书门下平章事，一年后又升任司空，并且加侍中衔，封爵鲁国公。晋出帝石重贵时，冯道继续为宰相，并任太尉，改封燕国公，后来又罢为匡国军节度使。契丹占领后晋都城开封后，冯道便向契丹君主耶律德光称臣，并官任太傅。契丹北撤后，冯道又在后汉任官，加太师衔

五代·荆浩·匡庐图
图上有宋高宗赵构所书"荆浩真迹神品"六字，另有元人韩屿和柯九思两人题诗。全图由下而上，由近至远，大致可分为近景、中景、远景三个层次，境界上也从"有人之境"渐入"无人之境"。近景处于侧面下端，一泓涧水间，有船夫悠然地撑着一叶扁舟欲停船靠岸，顺石坡而行，山麓中有屋宇院落筑立其间，竹篱树木环绕。屋后石径环山逶迤而上，长堤板桥，赶驴行人都被画家一一摄入笔端。

号。后周郭威时,冯道依旧为太师,兼任中书令。这便是冯道后半生的官宦生涯,其地位之高、任官时间之长,五代时期罕有其匹。

当时朝代更迭,局势动荡不安,但是冯道能够处变不惊,以其政治才能为每一任皇帝服务。冯道自号为"长乐老",曾写有自述书数百言,讲述自己的任官经历,他说:"我孝于家,忠于国,是儿子,是弟弟,是人臣,是师长,是丈夫,是父亲,同时也有儿子,有孙子。闲来无事则翻书,有时也小酌一杯,也不拒绝美食和声色,老了便安心于所处的时代,虽然已经年老但自得其乐,哪里有像我这么快乐的?"我们可以看出冯道是位复杂的人物,并且他自己也意识到了这点。时代动荡不安,便只能既来之且安之。

后周世宗柴荣即位(954年),刘旻攻打上党郡,柴荣准备出兵应战。然而冯道极力劝阻,觉得不能出兵。周世宗便说:"我知道唐太宗平定天下,不论敌人强弱都要亲自出征。"冯道回答说:"陛下您不能和唐太宗相比。"世宗又说:"刘旻乃乌合之众,如果遇到我军,那便想以山来压卵般容易。"冯道竟然回答说:"陛下您能够和山一般有定力吗?"世宗听闻此言大怒,仍亲自带领军队出兵,将冯道留在朝中料理郭威的丧事,等到下葬后,冯道也一病不起,不久便去世,时年七十三岁,世宗赐谥号"文懿"。

天道

穷达皆由命,
何劳发叹声。
但知行好事,
莫要问前程。
冬去冰须泮,
春来草自生。
请君观此理,
天道甚分明。

——五代·冯道

五代·关仝·关山行旅图

《关山行旅图》是关仝(tóng)的代表作,画上峰峦叠嶂、气势雄伟,深谷云林处隐藏古寺,近处则有板桥茅屋,来往旅客商贾如云,再加鸡犬升鸣,好一幅融融生活图。此画布景兼有"高远"与"平远"二法,树木有枝无干,用笔简劲老辣,有粗细断续之分,笔到意到心到,情境交融。画家在落墨时渍染生动,墨韵跌宕起伏,足见关仝山水画道之精深。

937年—978年

惟王天骨秀颖，神气清粹，言动有则，容止可观。精究六经，旁综百氏。常以为周孔之道，不可暂离。经国化民，发号施令，造次于是，始终不渝。酷好文辞，多所述作。

——徐铉《徐公文集》卷二十九《大宋左千牛卫将军追封英王陇西公墓志铭》

问君能有几多愁

从一国之君，到阶下之囚；从"花满渚，酒满瓯，万顷波中得自由"，到"小楼昨夜又东风，故国不堪回首月明中"。此间的跌宕与寂寞大概只有李煜懂得吧！"国破家亡词转工"，身世离奇，哀词婉转，他在中国历史长河中留下凄艳的背影。

主角
李煜

身份
南唐后主

特长
工书善画，能诗擅词，通音晓律，尤以诗词出彩

代表作
《玉楼春》（晚妆初了明肌雪）、《虞美人》（春花秋月何时了）

南唐小王朝

李煜（937年—978年），字重光，初名从嘉，为南唐中主李璟第六子，史称"南唐后主"。在风雨飘摇的五代十国时期，南唐是一个昙花一现的小王朝。南唐先主李昪，字正伦，是徐州人，原名徐知诰，是吴国的开国功臣徐温的养子。徐知诰严谨孝顺，深得徐温喜爱。他勤俭好学，礼贤下士，为政宽仁，深得民心，渐渐掌握了吴国的实权。徐温死后，徐知诰代吴称帝，国号唐。他自称为唐宪宗子建王李恪的后代，所以复姓为李，改名为昪。

经过吴的长期发展，江南之地已较为丰裕，所以南唐在建立之初便颇具实力。李昪屡次征讨南方诸国，向北联合契丹制约中原王朝；南唐逐渐进入盛世。李昪死

南唐后主李煜像
李煜（937年—978年），原名从嘉，字重光，为南唐的末代君主，祖籍徐州。兵败降宋，被俘至汴京，封违命侯。其词在晚唐五代词中别树一帜，对后世词坛影响深远。

214

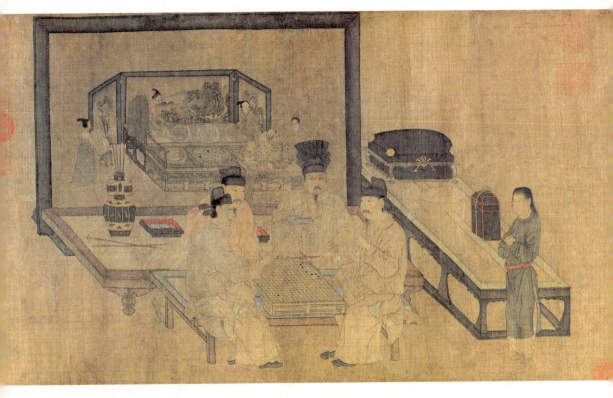

五代·周文矩·重屏会棋图

描绘南唐中主李璟与其弟景遂、景达、景过会棋情景。头戴高帽,手持盘盒,居中观棋者为中主李璟,对弈者是齐王景达和江王景过,人物容貌写实,个性迥异。衣纹细劲曲折,略带顿挫抖动。四人身后屏风上画白居易"偶眠"诗意,其间又有一扇山水小屏风。故画名曰"重屏"。收藏于北京故宫博物院。

后,李璟即位,他继续连年与闽、楚等国交战,国力损耗,与契丹的合作也告破裂。而此时的中原王朝进入后周时期,相对稳定,势力壮大起来。显德五年(958年),后周世宗率兵南下,南唐兵大败。李璟被迫将江北十四州割给后周,并且自去帝号、年号,对后周称臣。几年后,迁都南昌,留太子李煜为监国,仍在金陵。

北宋建隆元年(960年),李璟死,李煜在金陵即位。此时的赵匡胤已经发动陈桥驿兵变,代周建宋,对衰弱的南唐正虎视眈眈。李煜派遣弟弟李从善朝京师,从善滞留不能回。李煜亲自写信,要求从善归国,可是赵匡胤不许。后来,宋灭南汉,对南唐呈包围之势,李煜贬损制度,把诸王封号改为国公,对宋俯首称臣。形势严峻,国家面临危险,可李煜却从此一蹶不振,和臣子日日酣宴,沉溺于声色,借酒浇愁,悲歌不已;他喜欢高谈阔论,拜佛念经,对国家大事却漠不关心。内史舍人潘佑上书极谏,却遭下狱,自缢而死。

赵匡胤遣使者请李煜进京,说要与他一同祭祀。有李从善之事在前,李煜称病不去。宋师南征,战争一触即

五代·董源·龙宿郊民图

《龙宿郊民图》是五代南派山水宗师董源重要的传世作品之一，绢本，设色，现藏于台北"故宫博物院"。《龙宿郊民图》描绘了居住于江边山麓的民众庆贺节日的情景。

发。李煜派大臣说情，请求缓兵，然而无济于事。大军铁蹄南下，北宋开宝八年十二月（975年），曹彬攻克金陵。寒冬腊月，大雪纷飞，朔风阴冷，李煜肉袒出降，曾经繁华旖旎的南唐就此在一片萧索中谢幕。相传，当金陵守城将士激战正酣，李煜却在宫中填词。

被俘之后，李煜被带到汴京，赵匡胤赦免其罪，封他为违命侯，拜左千牛卫将军。而李煜终究过的是因犯生活，南唐旧臣如徐铉等多有在宋为官者，不能与李煜相见。从国之君主变为阶下囚犯，从温暖湿润的江南移居肃杀辽阔的中原，从万人敬仰到无人过问，生活境遇发生翻天覆地的变化，李煜的创作风格也因此分为前后两期。

国破家亡词转工

五代之时，礼乐崩坏，文化凋敝。而南唐累世好儒，文化繁荣。一时间出现诸如韩熙载、江文蔚、徐锴、潘佑等名儒。后人称"江左三十年间，文物有元和风"。李煜更是精通书法、绘画、音律，擅长诗文，尤其是词。李璟、李煜父子，都爱好填词，有《南唐二主》词行世。

词从晚唐开始慢慢兴起，经过温庭筠、韦庄，再到李璟、冯延巳，积累了大量的词作和创作经验，而李煜的创作有了新的提高。王国维说："词至李后主而眼界始大，感慨遂深，遂变伶工之词而为士大夫之词。"伶工所写不过宫闱闺情，而士大夫所叹咏乃是家国天下，命运浮沉。这当然与李煜的身世有莫大的关系，他后期的囚禁生涯让他的词风发生巨大变化。王季思先生说他"国破家亡词转工"，可谓一语中的。最能代表此时心境与词风的恐怕就是这阕《虞美人》了：

"春花秋月何时了，往事知多少？小楼昨夜又东风，故国不堪回首月明中！雕栏玉砌应犹在，只是朱颜改。问君能有几多愁？恰似一江春水向东流。"

赵光义继位后李煜被封为"陇国公"，然而他的处境并未好转。978年，赵光义命人用牵机药将李煜毒死，而直接原因，据说就是此阕《虞美人》。

五代·佚名·宫宴图

从树木和盛开的莲花来看，这是一幅宫中夏宴图。宴会安排在宫廷中的一个二层露台上，从宫女们看天空或专注于穿针引线上，似乎是在庆祝乞巧节。乞巧节又名七夕节，与"牛郎织女"关系密切，这一天女子会访闺中密友、祭拜织女、切磋女红、乞巧祈福，被认为是中国最具浪漫色彩的传统节日。

▶ 921年—959年

(后周显德六年二月)甲子,诏以北鄙未复,将幸沧州……丁卯,命侍卫亲军都虞候韩通等将水陆军先发。甲戌,上发大梁。

——《资治通鉴》卷二百九十四《后周纪》

柴荣北伐

五代时期动荡的政治格局注定产生英雄人物,后周世宗柴荣便是杰出代表。历史的巨浪将其推向前进,而他自己所具有的文韬武略,更显示出一代英主的霸气与才能。就在柴荣挥师北伐之际,不幸降临了,年仅三十九岁的周世宗溘然长逝。只进行了一半的统一大业,注定要由后来者完成。

主角
柴荣

出身
郭威养子

性格
谨慎笃厚,善骑射

主要成就
励精图治,恢复中原经济;
东征西讨,奠定统一基础;
北伐契丹,收复二州三关

周世宗柴荣像
柴荣(921年—959年)是五代时期后周皇帝。在位6年,是周太祖郭威的养子(柴荣本身是郭威正室柴皇后的侄子),庙号世宗。在位期间,整军练卒、裁汰冗弱、招抚流亡、减少赋税,使后周政治清明、百姓富庶,中原开始复苏。

继承帝位

柴荣(921年—959年),邢州龙冈(今河北邢台西南)人,是周太祖郭威的养子,圣穆皇后的侄子,父亲名叫柴守礼,官至太子少保。生于后唐天祐十八年(921年),孩童时代便跟随着姑母圣穆皇后,所以也经常在郭威身边。当时郭威没有儿子,又恰逢柴氏家道中落,柴荣严谨淳厚的性格,让郭威十分喜爱,经常让他承担一些杂务。柴荣办事认真用心,所获甚多,郭威便更加怜爱,遂将柴荣收为义子。后汉初年,郭威于立国有功,被授予枢密副使的官职,柴荣也因此任职左监门卫将军。次年,周太祖郭威镇守邺城,柴荣改任天雄军内都指挥使,后又陆续官任贵州刺史、检校右仆射。

广顺元年（951年），郭威称帝建立后周，此时柴荣尚留守邺城。柴荣本想请求郭威调任自己到朝廷中任职，不过最后周太祖派他任澶州节度使、检校太保。柴荣在地方任职期间，为政清明严肃，盗贼都不敢侵犯其领地。次年兖州慕容彦超反叛，柴荣多次请求出兵征讨，但是郭威并未应允，只是嘉奖称赞他。但是派去征讨的大将曹英却出师不利，数月下来都未能平复反叛。郭威本想亲征，宰相冯道表示反对，郭威便想要让养子柴荣领兵出战，但枢密使王峻素来嫉恨柴荣，所以想方设法阻拦，最后还是郭威亲征平复了兖州之乱。

柴荣在郭威在位期间一直不能内调，都是枢密使王峻从中作梗，王峻被贬逐之后，柴荣便立即受到重用。广顺三年（953年），柴荣入朝为官，任开封尹兼功德使，并进封为晋王。次年，又兼任开府仪同三司、检校太尉、侍中。同年，周太祖郭威病逝，晋王柴荣即皇帝位，是为周世宗。

勇担大业

柴荣刚即位，便展现出他过人的魄力及军事才能。这年二月，河东刘崇联合契丹大将军杨衮举兵南下，准备趁郭威病逝新主登基之际侵略后周。

五代后周·周元通宝
周元通宝钱为五代后周世宗柴荣（954年—959年）所铸。是用佛寺铜像鼓铸而成，铸工精湛，为五代钱币之冠。古代民间传说，周元通宝钱是非常吉利的钱，用之煮水可入药治病，抽签问卜，可保平安。当然这只是传说。

柴荣本想立即御驾亲征，但碍于郭威刚过世，还有朝中大臣阻拦，所以未能成行。三月潞州（治所在今山西长治）又上奏刘崇入寇，并且已经被敌军侵袭。柴荣便当即着手部署军事行动，首先派遣天雄军节度使符彦卿，领兵从磁州（今河北邯郸市境内）固镇路南下前往潞州，准备前后夹击敌军。又命令河中节度使王彦超领兵由西向东截击北汉军队，另外派大军先行到泽州（今山西晋城）备战。当月，柴荣下诏书，定于本月十一日亲征。

命令枢密使郑仁诲为东京留守后，柴荣便领兵出发了，几日之后在泽州高平与敌军相遇，两军大战于此地。刚开始柴荣派遣侍卫马步军都虞候李重进等人，以三面环围之势迎战敌军，但是不久樊爱能领导的东翼军乱了阵脚，有的步兵甚至向敌军投降。柴荣见战况不利，便亲自上战场临阵督战，并且以奋勇之势挑战敌军的先锋，战士们见到皇帝亲自上场作战，士气大涨，北汉及契丹军队很快便溃败不堪。高平之役中，后周军队

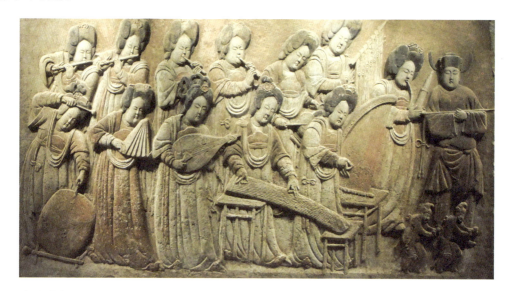

五代·奉侍画像砖

在柴荣的领导下取得了胜利，同时他也赏罚分明，对于战役之初临阵脱逃的樊爱能等将领七十余人，柴荣全部将其斩杀示众，而对于北汉的降军，柴荣也给予了赏赐，并将他们放归本部。

南征北讨

显德二年（955年），后周世宗柴荣下诏说："我屡次考虑如何才能做到使国家大治，但是至今还未想到好的计策，这让我寝食不安。现在命令近臣撰写计策，我将要阅览。"比部郎中王朴献上了计策，他认为中原王朝之所以失去了吴、蜀、幽、并等地，都是因为没有正确的策略。同时，王朴提出了"凡攻取之道，必先其易者"的方法，主张先攻取江南之地，然后收复幽、燕等北方边境。柴荣对王朴提出的建议深表赞赏，于是采用了这一计策。

五月，柴荣首先派向训等人率兵出击，准备收复由后蜀控制的秦、凤二州，半年之后取得胜利。次年，周世宗柴荣下诏亲征淮南，以宣徽南院使、镇安节度使向训为东京留守，命侍卫都指挥使李重进等领兵先行，河阳节度使白重赞率亲兵三千屯颍上（今安徽阜阳颍上），几日之后，柴荣亲率大军从开封出发。后周军队起初可谓势不可当，连续攻克了南唐的多个州郡，不过之后受到顽强抵抗，所以战事不顺。

显德四年（957年），柴荣又连续两次南下攻打淮南之地，夺取南唐多个州县。此时的唐主李璟性格柔软，沉溺于华美的文学世界中难以自拔，所以喜欢臣下顺从自己。南唐大臣也多有谗佞的官员，朝廷政事日渐荒废。唐人听说后周的军队即将兵临城下，都惶恐万分，幸亏有刘仁瞻等大臣坐镇，坚定守卫疆土，才使得国家不致灭亡。但面对实力强盛的后周军队，南唐弹丸之地，依然难以抵御。次年南唐李璟遣使求和，后周得到了江淮之间十四州六十县的领土。

挥师北伐

淮南之地虽然没有完全占领，但是也展现了后周巨大的威慑力和军事实力。显德六年（959年）三月，周世宗柴荣决意出师北伐，准备收复被契丹占领的燕云十六州。世宗下诏，说北境还未平复，所以要巡幸沧州（今河北沧州），命令义武节度使孙行友保卫西山路，让宣徽南院使吴延祚管理东都事务，任东都留守、判开封府事，三司使张美任大内都部署，这三人便成为世宗亲征期间，维护都城和宫中稳定的官员。

四月，韩通上奏他已经从沧州修凿水道直至契丹境内，并且在乾宁军的南面修筑了栅栏，同时修补缺损之处。几日后，周世宗领兵来到沧州，当日便又带领步兵、骑兵数万人从沧州发兵，大军直指契丹之境。世宗的军队纪律严明，从不扰乱民生，河北州县不是世宗车驾所过之处，百姓都不知有战争。大军至乾宁军后，契丹宁州刺史王洪立刻举城投降。与此同时也操练水军，命诸将分水、陆两路出军，以韩通为陆路都部署，赵匡胤为水路都部署，世宗则乘龙舟沿河向北进发，到益津关（今河北霸州），契丹守将终延晖亦缴械投降。

五月大军来到瓦桥关（今河北雄县西南），此时已经收复了瀛洲等三州十七县之地。之后柴荣与诸将商议攻取幽州，先锋都指挥使张藏英将契丹数百骑兵打败，李重进也击破了河东军，斩杀敌军两千余人。次月，昭义节度使李筠攻下了辽州（今山西左权）。

就在战事正顺利推进之际，世宗柴荣却一病不起，只得班师回京，不久后便病逝，北伐的宏图大业就这样夭折了。虽然周世宗柴荣未能在有生之年实现统一的志向，然而这并不妨碍他作为五代时期最杰出政治家和军事家的盛名。

周世宗庆陵
后周世宗睿武孝文皇帝柴荣的陵墓，陵号"庆陵"，位于河南郑州新郑郭店镇陵后村陵上西侧。周世宗陵现存冢高10米，周长105米。明朝初年建有正方形陵园，四周建砖墙，边长200米。大门朝南，院内有甬道，宽3米，长80米，直达墓前。陵墓四周植柏树，墓前置有方形祭坛，祭坛附近碑石林立。

581年—960年

- **710年** / 李隆基和太平公主发动政变，诛杀韦后一党，712年李隆基即皇帝位
- **710年** / 元明天皇迁都平城京，日本进入奈良时代
- **751年** / 『矮子』丕平建立法兰加洛林王朝
- **755年** /『安史之乱』爆发，同年东都洛阳被攻陷
- **763年** / 吐蕃占领长安，唐代宗出逃。其后吐蕃逐渐占领唐朝边地
- **805年** / 王叔文、王伾发起一系列改革，史称永贞革新
- **835年** / 文宗、郑注等人策划的甘露之变发生
- **867年** / 巴齐尔一世成为拜占庭帝国皇帝，拜占庭历史进入辉煌时期
- **875年** / 王仙芝、黄巢分别起义
- **889年** / 中美洲古典玛雅文明结束
- **907年** / 朱温逼迫哀帝退位，唐朝灭亡，后梁建立，历史进入五代时期
- **919年** / 德意志萨克森王朝建立
- **938年** / 后晋石敬瑭向契丹割让燕云十六州
- **960年** / 陈桥兵变，赵匡胤称帝，建立宋朝，五代最后一个王朝后周灭亡
- **962年** / 东法兰克国王奥托一世加冕为神圣罗马帝国皇帝

少年中国史
Chinese History for Teenagers

创作团队

【项目策划】尚青云简

【文稿提供】李凯凯

【图片支持】Fotoe.com　Wikipedia　郝勤建　秋若云　堂潜龙

中外大事年表对比

- **581年** / 杨坚称帝，建立隋朝，是为隋文帝
- **589年** / 隋军攻克建康，南朝最后一个王朝南陈灭亡
- **604年** / 文帝逝世，太子杨广即位，是为隋炀帝
- **606年** / 印度戒日王朝建立
- **617年** / 李渊在太原起兵，同年攻占长安，立代王杨侑为帝
- **618年** / 隋炀帝被宇文化及所杀，李渊在长安称帝，建立唐朝
- **626年** / 玄武门之变，李世民被立为皇太子，同年继承帝位，是为唐太宗
- **641年** / 文成公主入藏，与吐蕃松赞干布和亲
- **645年** / 日本孝德天皇推行大化革新
- **668年** / 新罗灭高丽，统一朝鲜
- **690年** / 武则天废唐睿宗，自称皇帝，改国号为周，迁都洛阳
- **705年** / 神龙政变发生，武则天退位，复立中宗李显为帝